Günther Schiwy

Abschied
vom allmächtigen Gott

Kösel

In
memoriam
Günther Anders
† 17. Dezember 1992 in Wien
und
Hans Jonas
† 5. Februar 1993 in New York

ISBN 3-466-20396-1
© 1995 by Kösel-Verlag GmbH & Co., München
Printed in Germany. Alle Rechte vorbehalten
Druck und Bindung: Kösel, Kempten
Umschlag: Kaselow Design, München
unter Verwendung eines Ausschnitts aus: Michelangelo
Buonarroti, Fresko, Sixtinische Kapelle, Vatikan

1 2 3 4 5 6 · 00 99 98 97 96 95

Gedruckt auf umweltfreundlich hergestelltem Werkdruckpapier
(säurefrei und chlorfrei gebleicht)

Inhalt

5

Vorwort
Gott vor Gericht?

»Wenn es ihn gibt ... dann ist er einer, der Auschwitz und Hiroshima nicht verhindert hat.«

Günther Anders[1]

»Und da sage ich nun: nicht weil er nicht wollte, sondern weil er nicht konnte, griff er nicht ein.«

Hans Jonas[2]

Von der Öffentlichkeit kaum wahrgenommen – jedenfalls nicht in der ganzen Dimension und Tragweite – findet seit Jahrzehnten unter Theologen und Philosophen eine Auseinandersetzung statt, die, wenn die Fülle der Veröffentlichungen nicht täuscht[3], gegenwärtig ihrem Höhepunkt entgegentreibt.

Die Frage, um die es geht, ist so alt wie die Menschheit, hat jedoch durch die unvorstellbaren Greueltaten dieses Jahrhunderts, angedeutet durch die beiden Namen »Auschwitz« und »Hiroshima«, eine bisher nie gekannte Dringlichkeit erfahren: Wie kann es einen guten und allmächtigen Gott geben angesichts von so viel Leid, das nicht nur Schuldige, sondern auch Unschuldige trifft? Seit Leibniz wird diese Frage als »Theodizee«, als Versuch einer »Rechtfertigung Gottes« angesichts der Übel in der Welt, verhandelt.

Alle bisherigen philosophischen und theologischen Versuche, eine befriedigende Antwort zu finden, sind jedoch gescheitert, so daß Günther Anders mehrfach erklärt hat, »nach Auschwitz und Hiroshima« könnten »nur Gedankenlose noch an Gott glauben«[4].

Um die »Rede von Gott« dennoch retten zu können, haben es nun jüdische und christliche Philosophen und Theologen gewagt, den traditionellen Gottesbegriff in Frage zu stellen. Sie machen Gott zu einem leidenden, schwachen und ohnmächtigen Gott, wie ihnen polemisch entgegengehalten wird[5].

Doch das Dilemma drängt sich unabweisbar auf: Ist Gott wirklich allmächtig und gütig, wie schon griechische Philosophen meinten und die jüdisch-christliche Überlieferung bekennt, dann, so gibt Hans Jonas zu bedenken, ist er angesichts von »Auschwitz« völlig unverständlich. »Nur von einem gänzlich unverstehbaren Gott kann gesagt werden, daß er zugleich absolut gut und absolut allmächtig ist und doch die Welt duldet, wie sie ist.«[6] Müssen wir uns mit dieser Unverstehbarkeit abfinden, oder widerspricht diese nicht auch einer abendländischen Überzeugung: daß die menschliche Vernunft teil hat an der göttlichen Erkenntnis und deshalb das göttliche Wesen auch für uns nicht widersprüchlich, gänzlich unverständlich sein kann?

So schlagen denn besagte Philosophen und Theologen vor: Um einer gewissen Verständlichkeit Gottes willen die überlieferten göttlichen Eigenschaften kritisch zu überprüfen und dann – nach bestem Wissen und Gewissen – eines der beiden sich angesichts von »Auschwitz« ausschließenden Attribute Gottes – die Güte oder die Allmacht – preiszugeben. Gott sei zwar allmächtig, aber nicht absolut gütig, im Sinne des biblischen Prophetenwortes: »Ich (Jahwe) schaffe Finsternis und Unheil!« (Jesaias 45,7)[7]? Oder aber: Gott sei zwar gütig, aber nicht allmächtig, im Sinne des neutestamentlichen Hymnus im Philipperbrief, den der evangelische Theologe Jürgen Moltmann so interpretiert: »Schon um Himmel und Erde zu schaffen, entäußerte sich Gott seiner alles erfüllenden Allmacht und nahm als Schöpfer Knechtsgestalt an«[8]?

Hier schon wird deutlich, daß der neue Gottesstreit über die Theodizeefrage hinaus von epochaler Bedeutung ist: Halten wir krampfhaft am traditionellen Bild eines gütigen und allmächtigen Gottes fest, dann wird ein solcher Gott angesichts der ungeheuren Leiderfahrung für immer mehr Menschen zu einem Monstrum, das aller Vernunfterkenntnis und Lebenserfahrung widerspricht. Geben wir jedoch eine der beiden göttlichen Eigenschaften preis, wird Gott dann nicht – im Fall der fehlenden Güte – zu einem bösen Moloch, den man fürchten und hassen muß, oder – im Fall der fehlenden Allmacht – zu einem mitleidheischenden Opfer einer »Schöpfung«, die sich am eigenen Schopf aus dem Sumpf zu ziehen versucht?

Verfolgt man jedoch die aktuelle Diskussion auf dem Hintergrund der Geschichte des abendländischen Gottesbildes von der Antike bis heute, dann zeigt sich: Auch wenn wir nach »Auschwitz« und »Hiroshima« Abschied vom Allmächtigen nehmen müssen, stehen wir nicht gänzlich außerhalb der abendländischen Tradition. Es hat im Juden- wie im Christentum immer schon eine Ahnung davon gegeben, daß der biblische Gott – anders als der »Gott der Philosophen« – auch ein ohnmächtiger und leidender Gott sein könnte, ohne daß er dadurch aufhören müßte, ein faszinierender und rettender Gott zu sein. Er könnte als solcher auch vor unserer Vernunfterkenntnis bestehen. Der »Gott«, wie ihn die neuzeitlichen »Theodizee«-Philosophen und -Theologen beschrieben und »vor Gericht« gestellt haben, ist ein Phantom. Er hat nie existiert und hat sich als Phantom nach »Auschwitz« überlebt. An seiner Stelle sitzt nun auf der Anklagebank – der Mensch, jedoch nicht ohne eine Gottheit im Hintergrund, die letztlich ihr Geheimnis wahrt.

Wie sehr das Thema dieses Buches die sensibelsten Geister – nicht erst unserer Zeit – gequält und auch Freunde zu gegensätzlichen Ansichten geführt hat, dafür sind ein eindrucksvolles Beispiel Günther Anders, der jüdische Atheist, und der gläubige Jude Hans Jonas. Als Verlagslektor von Günther

11

Anders habe ich dessen verzweifelte Liebe zur Menschheit und seine Überzeugung, daß es angesichts von »Auschwitz« und »Hiroshima« keinen »allmächtigen Gott« geben könne, persönlich erlebt. Als ich am 30. Dezember 1992 am Tag der Beisetzung von Günther Anders in Wien den Kondolenzbrief seines Freundes Hans Jonas der fast erblindeten Lebensgefährtin von Anders, Elisabeth Freundlich, vorlas, ahnte ich nicht, daß zwei Monate später, Ende Februar 1993, drei Wochen nach dem Tod auch von Hans Jonas, auf einer Tagung in Freiburg im Breisgau über »Gut und Böse in der biologischen und kulturellen Evolution« seiner Lösung des Problems das Wort geredet würde. Herr Professor Dr.med. Markus von Lutterotti machte mich darauf aufmerksam und widmete mir vorsorglich ein Exemplar von Jonas' Buch »Der Gottesbegriff nach Auschwitz«. Das war der Anlaß zu diesem Buch. Es setzt meine Spurensuche eines Gottes des Neuen Zeitalters, die ich mit »Der kosmische Christus«[9] begonnen habe, fort.

Steinebach am Wörthsee, im Sommer 1994

Günther Schiwy

I
Das Ende der
traditionellen Gottesbilder

»Langsam, viel zu langsam, wurde mir bewußt …, daß die Situation, in der ich
Theologe bin, also von Gott zu reden suche, die Situation ›nach Auschwitz‹ ist …
Gibt es denn, so fragte ich mich, einen
Gott, den man mit dem Rücken zu einer
solchen Katastrophe anbeten kann? …
Warum sieht man der Theologie diese
Katastrophe – wie überhaupt die Leidensgeschichte der Menschen – so wenig oder
überhaupt nicht an?«

Johann Baptist Metz[1]

Nach Auschwitz könne man keine Gedichte mehr machen, hat Theodor W. Adorno gemeint. Ähnlich haben viele Menschen gesagt, nach Auschwitz könne man nicht mehr an Gott glauben. Wenigstens nicht an einen Gott, der da allgütig sein soll und allmächtig.

Die christlichen Theologen haben in ihrer Mehrheit Auschwitz zwar nicht zum Anlaß genommen, das traditionelle Gottesbild zu hinterfragen. Dennoch ist ein Prozeß in Gang gekommen, der nicht mehr aufzuhalten ist und der vermutlich zu den größten Erschütterungen des Gottesbildes führen wird seit Jesus von Nazaret.

»Was für ein Gott konnte es geschehen lassen«, hat der jüdische Religionsphilosoph Hans Jonas gefragt und gemeint, diese Frage müsse die Juden mehr umtreiben als die Christen. Erwarte der Christ doch das Heil vom Jenseits, sei diese Welt doch für ihn des Teufels und der Mensch wegen der Erbsünde Gegenstand des Mißtrauens. Anders für die Juden. Für sie sei das Diesseits der Ort der göttlichen Schöpfung, Gerechtigkeit und Erlösung. Gott sei für die Juden der Herr der Geschichte, und gerade deshalb stelle Auschwitz den ganzen überlieferten Gottesbegriff in Frage. »Wer aber vom Gottesbegriff nicht einfach lassen will – und dazu hat selbst der Philosoph ein Recht –, der muß, um ihn nicht aufgeben zu müssen, ihn neu überdenken und auf die alte Hiobsfrage eine neue Antwort suchen. Den ›Herrn der Geschichte‹ wird er dabei wohl fahren lassen müssen. Also: Was für ein Gott konnte es geschehen lassen?«[2]

Der Unterschied zwischen dem jüdischen und dem christlichen Gottes-, Welt- und Menschenbild ist jedoch nicht so groß, daß nicht auch die Christen von der Frage betroffen sein müßten: Wie konnte Gott Auschwitz geschehen lassen? Diese Frage bewegt über Juden und Christen hinaus alle Menschen, für die Gott noch etwas bedeutet, auch den Atheisten. Denn irgendwie gehört die Vorstellung, Gott sei der Herr der Geschichte, zum traditionellen Gottesbild der abendländischen Philosophie und Theologie. Hat es damit durch die menschliche Leidensgeschichte, deren Maß durch Auschwitz voll ist, nun ein Ende?

Wenn es Gott gibt, hat er sich mitschuldig gemacht?

Günther Anders, der erklärte Atheist jüdischer Abstammung, 1902 in Breslau geboren und 1992 in Wien gestorben, bekannt geworden als Philosoph der »atomaren Drohung«, des »antiquierten Menschen« und durch seinen offenen Brief »Wir Eichmannsöhne« an Klaus Eichmann, den Sohn von Adolf Eichmann, dem Hauptverantwortlichen für den Transport der im deutschen Machtbereich lebenden Juden in die Massenvernichtungslager: Günther Anders hat sich darüber gewundert, daß durch Auschwitz nicht mehr Menschen Atheisten geworden sind. »Wiederholt hat man es bewundert, daß die nackt und frierend, wie er sie angeblich geschaffen, in die Gaskammern einziehenden Juden auf diesem ihren letzten Gang ihren Gott singend gepriesen haben.« Es sei für ihn unbegreiflich, »daß keiner dieser Singenden

Gott das Entsetzliche, das er zuließ, je aufgerechnet hat ...
Durch die Naturwissenschaften sind tausendmal mehr Menschen zu Atheisten geworden als durch Hitler. Oder durch Truman. Man macht es sich gewöhnlich nicht klar, daß nicht allein eigene Schuld (oder die der Vorfahren) von uns *verdrängt* wird, sondern auch die Gottes.«[3]
Unter denen, die Gottes Schuld, so es sie denn gibt, nicht verdrängt haben, ist der Rabbiner und jüdische Theologe Richard L. Rubenstein, geboren 1924 in New York. Er, der unter dem Eindruck des Holocaust zunächst zum orthodoxen Judentum gefunden hatte, wandte sich mit seinem Buch »After Auschwitz. Radical Theology and Modern Judaisme« vom Glauben ab. Er habe sich entscheiden müssen zwischen der Existenz eines Gottes, der seinem schuldig gewordenen Volk als Strafe Auschwitz verhängt habe, und seiner Überzeugung, einen solchen Gott könne es nicht geben. »Ich habe mich für das entschieden, was Camus mit Recht den Mut zum Absurden genannt hat, den Mut, lieber in einem sinn- und zwecklosen Kosmos zu leben, als an einen Gott zu glauben, der seinem Volk Auschwitz antut.«[4]
Man hat auch den jüdischen Schriftsteller Elie Wiesel, 1928 in Ungarn geboren, Friedensnobelpreisträger 1986, der selbst Auschwitz und Buchenwald überlebt hat, zu denen gerechnet, die durch Auschwitz ihren Glauben verloren hätten. Doch Wiesel hat gegenüber Leuten wie Rubinstein, für die Auschwitz es zur moralischen Pflicht mache, Gott zu leugnen, erklärt: »Es ist seltsam, daß die Philosophie, die Gott verwirft, nicht von den Überlebenden stammt. Nicht einer von denen, die mit der sogenannten Gott-ist-tot-Theologie von sich reden machen, war selbst in Auschwitz.« Dennoch scheint es, daß auch für Wiesel das Gottesbild verschattet

worden ist. »Ich leugnete zwar nicht Gottes Existenz«, läßt er eine seiner Gestalten sagen, »zweifelte aber an seiner unbedingten Gerechtigkeit.«[5]

Der »Gott der Philosophen« – ein Trugbild

In seinem als Provokation gedachten Buch »Gottes Güte und die Übel der Welt« appelliert der Philosoph Gerhard Streminger wie Günther Anders an die Vernunft der Menschen, den Gottesglauben endlich aufzukündigen. Die Übel der Welt seien mit der Existenz eines gütigen Gottes unvereinbar. Denn es lasse sich doch nicht bestreiten, daß die drei großen monotheistischen Religionen, das Judentum, Christentum und der Islam, davon überzeugt seien, daß dem Höchsten Wesen bestimmte positive Eigenschaften in vollkommenem Maße zukommen. »Mag es auch um die Wahrheit anderer Teile der religiösen Lehre noch so großen Streit geben, über die folgenden Bestimmungen der Eigenschaften Gottes dürften sich die allermeisten Theisten problemlos verständigen können«: über Gottes Allmacht, Allwissenheit und Allgüte. Angesichts der Übel und des Leides in der Welt jedoch an Gott als *die* Güte und *die* Liebe schlechthin zu glauben, spreche jeglicher Vernunft Hohn.

Nun hat ein anderer Philosoph, Hans Blumenberg, in seiner »Matthäuspassion« erst kürzlich wieder darauf hingewiesen: Es handele sich bei diesem landläufigen Gottesbild der großen Religionen mit seinen hervorragenden Eigenschaften der Allgüte und Allmacht gar nicht um das Gottesbild der Bibel, sondern vielmehr um das der abendländischen Philosophie. Es sei erstaunlich, liest er den christlichen Theologen

18

die Leviten, wie wenig sie von ihrer Offenbarungsquelle, der Bibel, halten, wenn sie gegen die Standards verstößt, die eine ältere Philosophie ihnen vorschreibe. Von einem »höchsten Wesen« und einem »reinen Geist« wisse die Bibel nichts. Auch bestrafe und belohne Gott wie eine gewöhnliche Orientmajestät in Tausendundeiner Nacht, »vor allem, wenn sie noch ein bißchen mehr von dieser ›Macht‹ hätte, mit der in sechs Tagen eine Welt hatte gemacht werden können«[7].

Das klingt frivol, doch worauf Blumenberg den Finger legt, ist heute unter jüdischen und christlichen Theologen kaum noch strittig. Der »metaphysische«, spekulative oder auch »theistische« Gottesbegriff stamme in seinen Grundlinien aus der antiken griechischen Philosophie – vor allem von Platon und Aristoteles –, sei in das Christentum übernommen worden und werde bis in die Gegenwart unkorrigiert überliefert, schreibt der katholische Theologe Herbert Frohnhofen 1992 in der Jesuitenzeitschrift »Stimmen der Zeit«. Was Blumenberg mit seinem Hinweis auf den temperamentvollen biblischen Gott andeutet, das haben die griechischen Philosophen in ihrem Bemühen um ein möglichst von allem »Menschlichen« gereinigtes Gottesbild wegspekuliert. Was blieb, sind als Hauptmerkmale des Göttlichen nach Frohnhofen »Affektlosigkeit, Allwissenheit, Unveränderlichkeit, Selbstgenügsamkeit, Ewigkeit und Allmacht«. Frühchristliche und mittelalterliche Theologen hätten sich dann darum bemüht, diesen metaphysischen Gottesbegriff mit der biblischen Offenbarung des jüdisch-christlichen Gottes in Einklang zu bringen, und so sei die über viele Jahrhunderte gültige christlich-dogmatische Gotteslehre entstanden – trotz Pascals Aufschrei in seinem »Memorial« von 1654: »Gott Abrahams, Gott Isaaks, Gott Jakobs, nicht (der Gott) der Philosophen und der Gelehrten!« Heute endlich wird dieser Gott der Philosophen, der sich als der Gott der Bibel ausgegeben hat, radikal in Frage gestellt. Es mehren sich die Stimmen, »die die biblische Selbstoffenbarung des jüdisch-christlichen Gottes mit dieser antiken philosophischen Gotteskonzeption für grundsätzlich und im Kern unvereinbar halten«[8].

Ein typisches Beispiel, wie sich in den traditionellen Lehrformeln des Christentums solche philosophischen mit biblischen Termini mischen, ist die berühmte Definition des Vierten Laterankonzils aus dem Jahre 1215: »Wir glauben und bekennen aufrichtig, daß nur Einer der wahre, ewige, unermeßliche und unveränderliche, unbegreifliche, allmächtige und unaussprechliche Gott ist, der Vater, Sohn und Heilige Geist: zwar drei Personen, aber eine Wesenheit, Substanz oder gänzlich einfache Natur.« Die Dynamik, die in der biblischen Offenbarung eines Gottes in »drei Personen« zum Ausdruck kommt, wird hier durch das kirchliche Lehramt gleichsam zur Unbeweglichkeit zurückdefiniert, wobei vor allem auf die göttlichen Attribute der antiken Philosophie zurückgegriffen wird, die einem statischen Gottesbild verpflichtet sind: dem »unbewegten Beweger« (Aristoteles).

Dieser Text des Laterankonzils findet sich auch noch im neuen »Katechismus der Katholischen Kirche«[9], der von 1986 bis 1993 durch eine von Papst Johannes Paul II. eingesetzte Kommission von zwölf Kardinälen und Bischöfen unter Vorsitz des deutschen Kurienkardinals Joseph Ratzinger erarbeitet wurde. Der Katechismus, der für die ganze Weltkirche verbindlich sein soll, bleibt hinter diesem Anspruch allein schon deswegen zurück, weil er den verhängnisvollen Einfluß des abendländisch-philosophischen Gottesverständnisses auf das orientalisch-biblische Gottesbild nicht genügend zurückdrängt. Dabei hatte schon Anfang der siebziger Jahre der jetzige Bischof von Mainz und Vorsitzende der deutschen Bischofskonferenz Karl Lehmann in einem – von ebendemselben Joseph Ratzinger herausgegebenen – Buch eine Revision der Eigenschaften Gottes gefordert: »Man müßte jeden Titel und jedes Attribut auf seinen Ursprung und seine Wandlungen hin durchforschen.«[10]

Die Antiquiertheit christlicher und jüdischer Antworten

Die von Lehmann geforderte Revision der göttlichen Eigenschaften ist unausweichlich geworden, weil Gottes Allmacht und Allgüte mit der Leidensgeschichte der Menschheit, die in Auschwitz und Hiroshima ihre bisherigen Höhepunkte gefunden hat, nicht länger vereinbar erscheinen. Günther Anders bringt in den »Ketzereien« einen Gläubigen deshalb in arge Verlegenheit: Wenn es Gott gibt, dann habe er Auschwitz und Hiroshima nicht verhindert. Er habe, die Hände im Schoß, beide Ereignisse zugelassen. »Wäre ein solcher Gott ein gerechter Gott? … Ein liebender Gott? … Ein barmherziger Gott? … Einer, zu dem wir beten dürften, ohne uns zu entwürdigen? … Einer, den wir anbeten dürfen, ohne uns zu schämen? … Ohne uns zum Komplizen seines Zulassens zu machen? … Finden Sie nicht: dann schon besser kein Gott?«[11]
Ähnlich gefragt hatte schon Epikur, gestorben 270 v.Chr. in Athen, ohne allerdings weder die Existenz Gottes noch den Gottesbegriff der Philosophen in Frage zu stellen. Epikur

fragte eher nach der Herkunft der Übel und warum Gott sie nicht verhindere. »Entweder will Gott die Übel beseitigen und kann es nicht, oder er kann es und will es nicht, oder er kann es nicht und will es nicht, oder er kann es und will es. Wenn er nun will und nicht kann, so ist er schwach, was auf Gott nicht zutrifft. Wenn er kann und nicht will, dann ist er mißgünstig, was ebenfalls Gott fremd ist. Wenn er nicht will und nicht kann, dann ist er sowohl mißgünstig wie auch schwach und dann auch nicht Gott. Wenn er aber will und kann, was allein sich für Gott ziemt, woher kommen dann die Übel und warum nimmt er sie nicht weg?«[12]

Für das Christentum, das bis heute wie Epikur davon überzeugt ist, daß Gott »will und kann«, gibt das römisch-katholische Lehramt noch immer die traditionelle Antwort. Sie geht auf die Bibel, auf die antike Philosophie und auf die beides verbindenden Kirchenväter, vor allem auf Augustinus (354-430), zurück. So fragt der »Katechismus der Katholischen Kirche« von 1993 in abgewandelter Form wie Epikur: »Warum aber hat Gott nicht eine so vollkommene Welt erschaffen, daß es darin nichts Böses geben könnte?« Gegen Leibniz, der gemeint hatte, die wirkliche Welt sei die bestmögliche überhaupt, hält der Katechismus mit Berufung auf Thomas von Aquin (1225/26-1274) fest: Gott hätte »in seiner unendlichen Macht« auch »stets etwas Besseres schaffen« können. Das bleibt jedoch im Hinblick auf die geschaffene Welt eine bloße Behauptung, die im Gegenteil durch die im Katechismus folgende Beschreibung der anderen herausragenden Eigenschaften Gottes und ihrer Rolle bei der Schöpfung der Welt geradezu in Frage gestellt wird: Habe doch Gott »in seiner unendlichen Weisheit und Güte« »aus freiem Entschluß« eine Welt schaffen wollen, die »auf dem Weg« »zu ihrer letzten Vollkommenheit« sei. Der Katechismus, und das ist in der Tat revolutionär, nimmt hier Abschied von einem statischen Weltbild und macht sich evolutionistische Vorstellungen zu eigen, auch für die Antwort auf die Frage nach der Herkunft der sogenannten physischen Übel: »Dieses Werden bringt nach Gottes Plan mit dem Erscheinen gewisser Daseinsformen das Verschwinden anderer, mit dem Vollkommenen auch weniger Vollkommenes mit sich, mit dem Aufbau auch den Abbau der Natur. Solange die Schöpfung noch nicht zur Vollendung gelangt ist, gibt es mit physisch Gutem folglich auch das *physische Übel*.«[13] Das gilt laut neuem Katechismus auch für den leiblichen Tod des Menschen. Der Tod ist nicht mehr nur Strafe Gottes für die Sünden, sondern »in einer bestimmten Hinsicht ist der leibliche Tod natürlich.«[14] Demnach ist Gott, der diese evolutive Welt geschaffen hat, auch verantwortlich für das Leid und die Schmerzen, für die Katastrophen und die Ängste, die die Evolution – ohne Schuld des Menschen – mit sich bringt. Sie entsprechen dem göttlichen »Plan«. Da Gott allwissend und vorausschauend ist, kann er von den sogenannten »physischen Übeln« – im Unterschied zu den »moralischen«, den von den Menschen boshaft verschuldeten – auch nicht überrascht worden sein, ist er doch die »Vorsehung«. Auch angesichts einer Welt in Evolution mit ihren anscheinend notwendigen »natürlichen« Übeln, die deswegen nicht weniger schrecklich sein können, bleibt die Frage offen, wie diese Übel mit der Allmacht und Allgüte Gottes, des »Herrn der Evolution«, vereinbar sind.

Das ist auch die Meinung des französischen Paläontologen und Theologen Pierre Teilhard de Chardin (1881-1955), auf dessen Einfluß die evolutionistischen Vorstellungen des römisch-katholischen Lehramtes seit dem Zweiten Vatikanischen Konzil zurückgehen. Teilhard war weit davon entfernt, im Rahmen der Evolution das Ausmaß des Leidens zu verkleinern und einem oberflächlichen Fortschrittsoptimismus zu huldigen. Im Vorwort zu einer Biographie über seine lebenslang schwerkranke Schwester Marguerite-Marie schrieb Teilhard am 8. Januar 1950: Einem außerirdischen Beobachter würde die Erde zunächst von dem sie umgebenden Sauerstoff blau erscheinen, dann von der die Erde bedeckenden Vegetation grün, dann – im Bild gesprochen – von der Noosphäre, der des Denkens, »licht«, dann aber »dunkel – immer dunkler – von einem Leiden, das an Quantität und an Heftigkeit in demselben Rhythmus wächst, wie das Bewußtsein im Laufe der Zeitalter aufsteigt … welche astronomische Masse! welche bestürzende Summe! und von den physischen Qualen bis zu den moralischen Ängsten, welch raffiniertes Spektrum schmerzlicher Nuancen!« Teilhard läßt auch offen, ob es, würde man die Masse der Leiden und der Freuden auf die Waage legen, ein Gleichgewicht gäbe oder welche Schale sich senken würde. Der Neunundsechzigjährige gesteht auch: Je mehr der Mensch Mensch wird, verkruste und verschlimmere sich in seinem Fleisch, seinen Nerven, seinem Geist das Problem des Übels, des zu begreifenden und – wichtig zu unterscheiden! – des zu ertragenden Übels. Auch die Antwort der Evolution ist für Teilhard nur der »Beginn einer Antwort«: die Übel »eine natürliche Folge der Bewegung, die uns hervorbringt«. Diese Erfahrung in unserem Kopf anzuerkennen, sei eine Sache, eine andere, daß »sich unser Herz diesem harten Gesetz der Schöpfung ohne Auflehnung beuge«. Teilhard fragt sich, ob es nicht psychologisch notwendig sei, »daß wir in dem schmerzlichen Abfall der Operation, die uns bildet, obendrein irgendeinen positiven Wert entdecken, der ihn endgültig annehmbar macht, indem er ihn verklärt?«[15] Unausgesprochen bedrängt auch Teilhard die Frage nach dem Verhältnis von Evolution, Allmacht und Allgüte Gottes angesichts des Übels in der Entwicklungsgeschichte der Welt. Doch könnte Gott wenigstens von der Verantwortung für das sogenannte »moralische Übel«, das Böse, freigesprochen werden? Der neue Katholische Katechismus versucht es auf die traditionelle Art: Das Böse stamme von den Geschöpfen, sie sind seine Ursache und dafür verantwortlich. Engel und Menschen seien intelligente und freie Geschöpfe, die ihre letzte Bestimmung, die Teilnahme am Leben Gottes, frei wählen könnten. Dabei könnten sie vom Weg abirren, »und sie haben auch tatsächlich gesündigt. So ist das *moralische Übel* in die Welt gekommen, das unvergleichlich schlimmer ist als das physische Übel. Gott ist auf keine Weise, weder direkt noch indirekt, die Ursache des moralischen Übels. Er läßt es jedoch zu, da er die Freiheit seines Geschöpfes achtet, und er weiß auf geheimnisvolle Weise Gutes daraus zu ziehen.« Um diese Zulassung Gottes plausibel zu machen, betont der Katechismus die Allmacht und Güte Gottes durch Berufung auf Augustinus: »Der allmächtige Gott ... könnte in seiner unendlichen Güte unmöglich irgend etwas Böses in seinen Werken dulden, wenn er nicht dermaßen allmächtig und gut wäre, daß er auch aus dem Bösen Gutes zu ziehen vermöchte.« Schließlich muß noch ein Beispiel aus der Bibel – die Geschichte von Josef und seinen Brüdern in Ägypten – herhalten: »Josef sagt zu seinen Brüdern: ›Nicht ihr habt mich hierher geschickt, sondern Gott ... Ihr habt Böses gegen mich im Sinne gehabt, Gott aber hatte dabei Gutes im Sinn ..., um ... viel Volk am Leben zu erhalten‹ (Genesis 45,8; 50,2).«

Gilt das, möchte man die Autoren des Katechismus fragen, auch für das bisher Schlimmste aller moralischen Übel, für

25

Auschwitz? Doch der Massenmord an den Juden und der Antisemitismus im christlichen Abendland sind für den neuen Katechismus kein Thema. Statt dessen heißt es dort: »Aus dem schlimmsten moralischen Übel, das je begangen worden ist, aus der durch die Sünden aller Menschen verschuldeten Verwerfung und Ermordung des Sohnes Gottes, hat Gott im Übermaß seiner Gnade das größte aller Güter gemacht: die Verherrlichung Christi und unsere Erlösung.« Demnach verdankt der Jude Jesus von Nazaret seine Erlöserrolle der schuldhaften Verwerfung und Ermordung durch alle Menschen? Das höchste Gute verdankt sich dem geballten Bösen? Als wären die Katechismusschreiber selber darüber erschrocken, schränken sie ein: »Freilich wird deswegen das Böse nicht zu etwas Gutem.« Aber sie halten unerschütterlich an dem Glauben fest, »daß Gott der Herr der Welt und der Geschichte ist« und daß »Gott sogar durch das Drama des Bösen und der Sünde hindurch seine Schöpfung zur endgültigen Sabbatruhe führt, auf die hin er Himmel und Erde erschaffen hat.«

Auch die Existenz des moralischen Übels und seiner schlimmsten Auswirkungen wie Auschwitz macht laut neuem Katechismus die Katholiken nicht irre an Gottes Allmacht und Güte, obwohl Gott in Voraussicht all des Bösen deren Täter geschaffen und im Dasein gehalten hat. »Mit der Erschaffung der Welt und des Menschen hat Gott das erste und allumfassende Zeugnis seiner allmächtigen Liebe und Weisheit« gegeben, lautet der entsprechende Merktext des Katechismus[16]. Drängt sich da nicht der ketzerische Gedanke auf: Das *erste* Zeugnis, vielleicht, aber mit Sicherheit auch das *letzte*, denn ein allgütiger und allmächtiger Gott konnte unmöglich den Leidensweg der Menschheit bis Auschwitz zulassen!

Es sei denn, man verharmlost Auschwitz wie der protestantische Theologe Karl Barth (1886-1968) fünf Jahre nach dem Zweiten Weltkrieg, als er das Böse als das »Reich des Nichtigen« bezeichnete. »War es immer nur ein Scheinreich, so ist es in Jesus Christus auch als solches objektiv beseitigt. Was es in der Welt noch ist, das ist es kraft der Blindheit unserer Augen, vermöge der Decke, die jetzt noch über uns ist und uns den Ausblick auf das Reich Gottes verwehrt, das als das einzige schon gekommen und aufgerichtet ist und kein Reich des Bösen neben sich hat.«[17] In dem theologischen Bestreben, Gottes Allmacht und Allgüte um jeden Preis aufrechtzuerhalten, wird die Gegenmacht des Bösen zu einem Scheinreich erklärt, und das von einem der bedeutendsten evangelischen Theologen des 20. Jahrhunderts, der das Dritte Reich durchaus als schlimme Realität erlebt hatte. 1934 wurde Barth als Mitbegründer der regimekritischen »Bekennenden Kirche« wegen Verweigerung des uneingeschränkten Treueids auf Hitler aus dem Professorendienst entlassen und 1935 in den Ruhestand versetzt. Er nahm dann den Ruf auf einen Lehrstuhl in Basel an, von wo er den Kirchenkampf gegen Hitlerdeutschland weiter begleitete. Barths Kollege Hans Schwarz kommentiert das oben zitierte Barthwort 1993: Bei Barth werde das Widergöttliche so sehr im Rahmen des Gnaden- und Erlösungshandelns Gottes gesehen, daß es von diesem schier erdrückt wird. Damit werde er den Phänomenen des Negativen und der Perversion in unserer Welt nicht gerecht. Das Böse sei keine Begleiterscheinung des Heilshandelns Gottes, sondern eine Macht, die, von uns aus gesehen, offen lasse, wer am Schluß gewinnt[18].

Und die jüdischen Theologen? Welche Antwort geben sie auf die Frage nach der Herkunft des Bösen? Ist auch für sie Auschwitz vereinbar mit dem traditionellen Bild von Jahwe, den das Judentum wie die Christen als allmächtigen und allgütigen Herrn der Geschichte bekennt?

Eine erste Gruppe jüdischer Theologen überbetont die Eigenschaft der Gerechtigkeit Gottes und sieht in Auschwitz die Aufgipfelung der göttlichen Strafgerichte. So Ignaz Maybaum, 1897 in Wien geboren, 1976 in London verstorben, Reformrabbiner und Theologe, ein Schüler von Franz Rosenzweig. Maybaum emigrierte 1939 nach England und schrieb unter dem 11. Januar 1964 in seinem Buch »Das Antlitz Gottes nach Auschwitz«: Die sechs Millionen Toten von Auschwitz und anderen Orten seien Märtyrer der modernen westlichen Zivilisation, »sie starben als Opferlämmer wegen der Sünden«, sie reinigten die westliche Zivilisation, so daß der Mensch wieder in ihr leben, Gerechtigkeit üben, Barmherzigkeit lieben und in Demut vor Gott wandeln könne[19].

Auschwitz als göttliches Strafgericht noch plausibler zu machen, konstruiert der orthodoxe Rabbiner Menachem Immanuel Hartom, 1916 in Italien geboren und seit 1936 in Palästina, eine besondere Schuld der deutschen Juden: Trotz ihrer Assimilation, ihrer Leugnung der Ideen ihres Volkes, der Annahme einer fremden Religion, trotz der Opfer für Deutschland seien sie ein Fremdkörper im Staat geblieben. Dieser Staat habe es ihnen dann durch die Verfolgung auf extremste und grausamste Art in Erinnerung gerufen. Jahwe habe sich des deutschen Volkes als Zuchtrute für sein Volk bedient. »Wir müssen bekennen, daß es der Gerechtigkeit entsprochen hätte, hätte Gott sein Volk gänzlich vernichtet, weil es die Worte seiner Tora geleugnet hat.«[20]

Eine zweite Gruppe jüdischer Theologen lehnt den Gedanken an Auschwitz als Strafgericht Gottes entschieden ab, läßt jedoch dafür das Antlitz Gottes sich im Dunkeln verlieren.

Zu ihnen gehört der orthodoxe Rabbiner Eliezer Berkovits. 1908 in Rumänien geboren, wirkte er bis 1939 in Berlin, dann in England, Australien, USA und Jerusalem. Auschwitz, schreibt er 1973 in »Glauben nach Holocaust«, sei eine absolute Ungerechtigkeit, die Gott zugelassen habe, mehr noch: Bei einem persönlichen Gott könne es sich nicht um eine Panne in der göttlichen Planung handeln. So müsse die letzte Verantwortung für dieses äußerste Böse bei Gott liegen, »ein entsetzlicher Gedanke«. Und im Blick auf Zeugnisse der Bibel und der Leidensgeschichte Israels durch die Jahrtausende entwickelt Berkovits eine Theologie des Schweigens und des Sich-Verbergens Gottes, unübersehbare, sich aufdrängende Eigenschaften Gottes: »Daß Gott sich verbirgt, ist für Jesaja ein Attribut der göttlichen Natur …, keine Wendung gegen den Menschen, sondern eine Seinsweise, die Gott aus sich selbst annimmt … Auf geheimnisvolle Weise ist der Gott, der sich verbirgt, der Gott, der errettet.«[21]

Das erinnert an den Begriff »mysterium tremendum«, den der Marburger Religionsphilosoph Rudolf Otto 1917 entwickelt hat[22] und den der jüdische Essayist und Publizist Arthur A. Cohen, 1928 in New York geboren, 1986 verstorben, auf den Gott von Auschwitz anwendet: Gott gegenwärtig, aber deshalb nicht weniger furchtbar und unergründlich; Gott als absolutes, ungeheuerliches, ja grauenvolles Geheimnis. Nach Cohen hätten die traditionellen Eigenschaften Gottes, wie sie die abendländische Philosophie und auch eine jüdische Religionsphilosophie entwickelt haben, das mysterium tremendum Gottes unzulässig gemildert und zusammen mit der christlichen Auffassung vom »lieben Gott«, vom »Abba Vater«, verniedlicht. Ein solcher Gott erscheine mit Auschwitz unvereinbar. Dagegen beginne »die Phäno-

29

menologie des Heiligen mit der Wahrnehmung des grauenvollen Mysteriums Gottes«[23].

Alles in allem genommen scheinen die bisherigen Antworten jüdischer und christlicher Theologen auf die Frage nach der Vereinbarkeit von Auschwitz mit der Macht und Güte Gottes nicht länger akzeptabel. Gott solle so allmächtig sein, daß er Auschwitz zugelassen habe, weil er auch daraus Gutes schaffen könne? Oder: Auschwitz solle im Vergleich mit dem in Christus angekommenen »Reich Gottes« nur ein »Schein« aus dem »Reich des Nichtigen«, des Bösen sein? Oder Gott sei so sehr Gerechtigkeit, daß er in Auschwitz über die Juden, stellvertretend für die Gottlosigkeit der Menschheit, ein Strafgericht verhängt habe? Oder: Gott sei das »mysterium tremendum«, ein grauenvolles Geheimnis, das sein Antlitz in Auschwitz verberge und dem Menschen unverständlich bleiben müsse?

Die christlichen Antworten kranken daran, daß in ihnen Auschwitz in seiner unheilsgeschichtlichen Dimension noch gar nicht wahrgenommen worden ist; die jüdischen Antworten sind unbefriedigend, weil in ihnen Züge des biblischen Gottesbildes – die Gerechtigkeit bzw. die Verborgenheit – bis zur Unkenntlichkeit verzerrt dazu herhalten müssen, die Existenz Gottes trotz Auschwitz zu bejahen. Alle diese Antworten sind »antiquiert«, weil sie weder dem Grad der menschlichen Bosheit noch dem Grad der göttlichen Ohnmacht, wie sie sich in Auschwitz offenbart haben, »gerecht« werden. Täten sie das wenigstens annäherungsweise, dann wären sie wirklich »religiös« in der Bedeutung, die laut Günther Anders dieses abgegriffene Wort nach Auschwitz haben müßte: »… nichts Positives, sondern nur die (von keinem Gott vereitelte) alles Menschenmaß transzendierende Furchtbarkeit des menschlichen Tuns...«[24] So aber sind diese Antworten zu »positiv«. Sie vermeiden tunlichst, was nicht nur Günther Anders mit seiner auf Seite 17 zitierten Bemerkung, wir verdrängten die Schuld Gottes, angedeutet, sondern auch der katholische Theologe Karl Rahner gefordert hat: daß »der Mensch sich nicht so sehr vor Gott schuldig empfindet, sondern eher verlangt, Gott müsse sich wegen seiner von ihm bewirkten schrecklichen Welt verantworten«[25].

II
Schöpfung durch Selbstentäußerung:
Der ohnmächtige Gott

»… als Ganzes hat das Unendliche, seiner
Macht nach, sich ins Endliche entäußert
und sich ihm damit überantwortet.«

Hans Jonas[1]

Muß der Mensch angesichts von Auschwitz zum Atheisten werden oder sich mit einem verborgenen, unverständlichen Gott abfinden und schweigen, so wie Gott »durch die Jahre des Auschwitz-Wütens« geschwiegen hat?

Es war der jüdische Religionsphilosoph Hans Jonas, der dagegen 1984 in einem Festvortrag unter dem Titel »Der Gottesbegriff nach Auschwitz« in Tübingen seine Stimme erhob. Der verborgene wie der absurde Gott sei eine zutiefst unjüdische Vorstellung. Der jüdische Glaube beruhe darauf, daß wir wenigstens etwas von Gottes Willen, Absichten, sogar von seinem Wesen verstehen könnten. Das sei die Voraussetzung von Gebot, Gesetz und Offenbarung, von Prophetentum. »Ein gänzlich verborgener, unverständlicher Gott ist ein unannehmbarer Begriff nach jüdischer Norm.«[2]

Das gilt auch für das Christentum. Es versteht sich in der Tradition des Judentums ebenfalls als Offenbarungsreligion. Dabei hat der katholische Theologe Karl Rahner darauf hingewiesen: Nach christlichem Verständnis dürfe Gottes Offenbarung nicht auf die Geschichte des Juden- oder Christentums eingeschränkt werden. »Heils- und Offenbarungsgeschichte« ereigne »sich überall, wo sich individuelle und vor allem kollektive Menschheitsgeschichte begibt«[3].

Das bedeutet für unser Thema: Nicht nur als individuelles Schicksal jüdischer Menschen, wie es auch Hans Jonas getroffen hat – seine Mutter wurde in Auschwitz ermordet –, auch nicht nur als epochales Ereignis in der Geschichte des jüdischen Volkes, sondern als Zäsur in der ganzen Religions- und Menschheitsgeschichte ist Auschwitz von einmaliger Bedeutung. Auschwitz ist in der Heils- und Offenbarungsgeschichte Gottes vergleichbar der Moses-Offenbarung auf dem Sinai oder dem Jesus-Ereignis auf Golgota. Wurden auf dem Sinai die Überlegenheit Gottes über alle Götter und damit seine Transzendenz und auf Golgota Gottes bedingungslose Einwohnung in der Schöpfung und damit seine Immanenz offenbar, so beginnt mit Auschwitz der unaufhaltsame Abschied der Menschheit, Juden- und Christentum eingeschlossen, von der Vorstellung eines allmächtigen Gottes.

Abschied vom allmächtigen Gott

Wollen wir an der jüdischen und christlichen Überzeugung von der prinzipiellen Verstehbarkeit Gottes festhalten, dann zwingt uns Auschwitz unabweisbar dazu, zwischen den göttlichen Eigenschaften der Güte und Allmacht zu wählen. Das wenigstens war die Überzeugung von Hans Jonas am Ende eines intensiven Lebens, Denkens und Glaubens.
1903 in Mönchengladbach als Sohn des Textilfabrikanten und Angehörigen des »Centralvereins deutscher Staatsbürger jüdischen Glaubens« Benjamin Jonas geboren, wurde der Gymnasiast Hans schon Ende des Ersten Weltkrieges begeisterter Zionist. Er studierte 1921 bei Husserl und Heidegger in Freiburg, 1921-1923 in Berlin an der Hochschule für die Wissenschaft des Judentums sowie bei Spranger, Troeltsch und Eduard Meyer an der Universität. 1924-1928 hörte Jonas wieder Heidegger und den evangelischen Theologen

Bultmann in Marburg. Bei diesem promovierte Jonas 1928 mit der berühmt gewordenen religionsphilosophischen Arbeit »Gnosis und spätantiker Geist. Erster Teil: Die mythologische Gnosis«. Sie erschien 1934, nach der Machtergreifung Hitlers 1933 und Jonas' Auswanderung über England nach Palästina. Von 1935-1949 lehrte Jonas in Jerusalem, unterbrochen durch Dienst in der Jewish Brigade der britischen Armee 1940-1945 und 1948/49 als Soldat der Israelischen Armee. Ab 1949 lehrte Jonas in Montreal und Ottawa und seit 1955 an der von Max Horkheimer und Theodor W. Adorno begründeten New Yorker New School for Social Research. 1943 hatte er Lore Weiner geheiratet. Einer breiteren deutschen Öffentlichkeit wurde Jonas bekannt durch sein 1979 erschienenes Buch »Das Prinzip Verantwortung. Versuch einer Ethik für die technologische Zivilisation«. 1982/83 hatte Jonas die erste Eric-Voegelin-Professur an der Universität München inne. 1987 erhielt er den Friedenspreis des Deutschen Buchhandels, das Große Bundesverdienstkreuz sowie die Ehrenbürgerschaft seiner Heimatstadt Mönchengladbach. Jonas, dessen Vater 1937 gestorben und dessen Mutter, wie er 1945 bei einem Deutschland-Besuch erfuhr, in Auschwitz ermordet worden war, starb 1993 in seinem Haus in der Nähe von New York. Über das zentrale Thema seiner letzten Lebensjahre, den »Gottesbegriff nach Auschwitz«, hat er bekannt: »Ich wählte es mit Furcht und Zittern. Aber ich glaubte es jenen Schatten schuldig zu sein, ihnen so etwas wie eine Antwort auf ihren längst verhallten Schrei zu einem stummen Gott nicht zu versagen.«[4]

Auch wenn es Hans Jonas in Abrede gestellt hätte: Was er uns über das Gottesbild nach Auschwitz zu sagen hat, steht in der Tradition der biblischen Propheten. Jonas selbst hat es indirekt angedeutet: »All dies ist Gestammel. Selbst die Worte der großen Seher und Beter, der Propheten und Psalmisten, die außer Vergleich stehen, waren ein Stammeln vor dem ewigen Geheimnis.«[5]

Obwohl es nur »Gestammel« ist, nimmt Hans Jonas für seine entscheidende These die Autorität dessen in Anspruch, der sich in der biblischen Tradition weiß und sie zugleich durch die Offenbarung von Auschwitz weiterentwickeln will. Nach Auschwitz, so Jonas' These, könnten wir entschiedener als je zuvor behaupten: Wäre Gott allmächtig und hätte er Auschwitz verhindern können, dann wäre er, da er es nicht getan hat, entweder nicht allgütig oder total unverständlich. Wollen wir an der Verständlichkeit festhalten und an seiner Güte, dann muß er nicht allmächtig sein. »Nur dann können wir aufrechterhalten, daß er verstehbar und gut ist und es dennoch Übel in der Welt gibt.«[6] Die Güte Gottes in Frage zu stellen, käme für Jonas einer Aufgabe des biblischen Gottesbildes gleich. Die »Güte, d.h. das Wollen des Guten, (ist) untrennbar von unserem Gottesbegriff und kann keiner Einschränkung unterliegen.«[7]

Tatsächlich steht Hans Jonas mit dieser Auffassung unter den zeitgenössischen Juden nicht allein. Bereits elf Jahre vor Jonas' Tübinger Dankrede für die Verleihung des Dr. Leopold-Lucas-Preises der Evangelisch-theologischen Fakultät der Universität hat der schon erwähnte Rabbiner und – wie Jonas – Zionist Eliezer Berkovits 1973 in »Glaube nach dem Holocaust« mit Berufung auf die spätjüdische talmudische Auslegung der Bibel von einem Machtverzicht Gottes gesprochen mit der Begründung: Hätte Gott die Absicht gehabt, die Welt des Menschen mit physischer Gewalt zu regieren, dann hätte er die Schöpfung des Menschen aufgeben müssen. »Der Mensch kann nur existieren, weil Gott darauf verzichtet, seine Macht über ihn zu gebrauchen.« Das bedeute auch, daß Gott mit offenkundiger physischer Macht nicht in der Geschichte gegenwärtig ist, es würde die Geschichte zerstören... »Die Geschichte ist der Schauplatz der menschlichen Verantwortung.«[8] Gott ist demnach nicht der »Herr der Geschichte«.

Doch man hatte in der jüdischen Glaubenstradition immer noch damit gerechnet, daß Gott diese Selbstbegrenzung seiner Macht zugunsten des Menschen und seiner Geschichte auch widerrufen könnte. Wenigstens in den ärgsten Fällen des Mißbrauchs geschöpflicher Freiheit dürfte man wohl erwarten, so Hans Jonas, daß der gute Gott die eigene Regel »dann und wann bricht und mit dem rettenden Wunder eingreift. Doch kein rettendes Wunder geschah; durch die Jahre des Auschwitz-Wütens schwieg Gott.« Daraus zieht nun Jonas die radikale Konsequenz: »die Idee eines Gottes, der für eine Zeit – die Zeit des fortgehenden Weltprozesses – sich jeder Macht der Einmischung in den *physischen* Verlauf der Weltdinge begeben hat«[9]. Auch wenn dieser Gott in Auschwitz hätte eingreifen wollen, er hätte es nicht mehr gekonnt.

So weit wie Hans Jonas gehen katholische Theologen nicht, auch wenn Herbert Frohnhofen 1992 einräumt: In den Worten Jesu gebe es keine Bezeichnung für Gott den Allmächtigen, das Gleichnis vom liebenden Vater (vom verlorenen Sohn) zeige vielmehr die Herrschaft Gottes nicht durch Macht und Gewalt, sondern durch entgegenkommende Liebe. Als der Teufel Jesus zur Ausübung weltlicher Macht verführen will, werde deutlich, daß diese dem Auftrag Jesu widerspricht und Sünde wäre.[10] Radikaler forderte Norbert Scholl 1990 in den »Katechetischen Blättern«, der Zeitschrift für Religionsunterricht, Gemeindekatechese und kirchliche Jugendarbeit die Kir-

chen auf, von der Allmacht, »dieser ohnehin nicht biblischen ›Eigenschaft‹ Gottes Abstand zu nehmen« und statt
dessen von Gott als dem »Erhalter« und »Fürsorger« seiner
Schöpfung zu sprechen[11].

Unter den protestantischen Theologen und Theologinnen
ist es Dietrich Bonhoeffer – er wurde am 9. April 1945 im
Konzentrationslager Flossenbürg umgebracht –, der Gott als
den Ohnmächtigen erfährt und bekennt: Gott lasse sich aus
der Welt hinausdrängen ans Kreuz, Gott sei ohnmächtig und
schwach in der Welt. Die Bibel weise den Menschen an die
Ohnmacht und das Leiden Gottes im Gegensatz zu den Religionen, die den Menschen in seiner Not an die Macht
Gottes verweisen, an Gott als den deus ex machina. Für
Juden und Christen sei nur der ohnmächtige, leidende Gott
hilfreich. »Insofern kann man sagen, daß die beschriebene
Entwicklung zur Mündigkeit der Welt, durch die mit einer
falschen Gottesvorstellung aufgeräumt wird, den Blick frei-
macht für den Gott der Bibel, der durch seine Ohnmacht in
der Welt Macht und Raum gewinnt.«[12] Dorothee Sölle hat
dann 1965 in »Stellvertretung. Ein Kapitel Theologie nach
dem ›Tode Gottes‹« den Faden Bonhoeffers aufgenommen
und ihn seitdem nicht wieder aus den Fingern gelassen, auch
wenn für sie die Ära der Ohnmacht Gottes erst mit dem
Auftreten Christi beginnt: Indem Christus die Rolle Gottes
übernahm, sei diese zu einer Rolle des ohnmächtigen Gottes
verändert worden. »Der abwesende Gott, den Christus ver-
tritt, ist der in der Welt Ohnmächtige.«[13]

Gottes Selbstbeschränkung

Wenn Auschwitz Gott als den Ohnmächtigen offenbart, stellt sich die Frage: Ist Gott erst allmählich im Laufe der Geschichte der Ohnmächtige geworden, wurde er, wie Bonhoeffer meint, mit der Zeit ans Kreuz hinausgedrängt, oder wurde er erst durch Christus, wie Sölle formuliert, in seiner Rolle vom Allmächtigen zum Ohnmächtigen verändert? Oder ist er ohnmächtig seit Anbeginn der Welt oder wenigstens seit dem Anfang der Menschengeschichte?

Es ist Hans Jonas, der sich in »Der Gottesbegriff nach Auschwitz« auf eine spätere jüdische Tradition beruft, um seiner Auffassung von Gottes eingeschränkter Macht vom Anfang der Schöpfung an Autorität zu geben: »Die mächtige Unterströmung der Kabbala, die in unsern Tagen von Gershom Scholem neu ans Licht gezogen wurde, weiß von einem Schicksal Gottes, dem er sich mit der Weltwerdung unterzog.«[14]

Gershom Scholem, Zionist wie Jonas, wurde 1897 in Berlin geboren, übersiedelte 1923 nach Palästina und war seit 1933 Professor für jüdische Mystik an der Hebräischen Universität in Jerusalem, an der auch Hans Jonas 1938/39 und 1946-1948 eine Dozentur innehatte. Scholem starb 1982. Er gilt als der bedeutendste Erforscher der jüdischen Mystik, besonders der Kabbala (hebr. »Tradition«). Diese im 12. Jahrhundert in Südfrankreich entstandene Form der Mystik, die sowohl neuplatonische wie gnostische Vorstellungen in sich aufnahm, verlagerte sich aus der Provence nach Gerona in Spanien, im 14. Jahrhundert nach Italien und erlebte nach der Vertreibung der Juden aus Spanien 1492 die Blüte ihrer Entwicklung im 16. Jahrhundert in Palästina, in Safed.

41

Der hervorragendste Kabbalist von Safed war Isaak Luria (1534–1572), laut Scholem die zentrale Figur der neueren Kabbala, ein vollkommener Gerechter, ein um Heiligkeit ringender Mann, der visionär eine neue Wirklichkeit geschaut hatte. Er starb im Alter von achtunddreißig Jahren und war der erste Kabbalist, über den seine Schüler dreißig Jahre nach seinem Tode eine Art Heiligenbiographie in Umlauf setzten. Das und die Tatsache, daß er selbst keine Schriften hinterließ, erinnern an Jesus von Nazaret. Ein Buch schreiben sei nicht möglich, wird von Luria überliefert, »weil alles miteinander verbunden ist. Kaum öffne ich meinen Mund, um die Dinge zu sagen, so ist es mir, als öffneten sich die Dämme des Meeres und überfluteten alles. Wie soll ich also das sagen, was meine Seele empfangen hat, und wie soll ich gar es in einem Buch niederschreiben.«[15]

Hans Jonas beruft sich nun innerhalb der Kabbala, in der es hochoriginelle und sehr unorthodoxe Spekulationen gebe, »unter denen meine nicht so gänzlich allein stehen würde«, auf einen zentralen Gedanken dieses hoch angesehenen und vertrauenswürdigen Mystikers Isaak Luria, auf »die Idee des *Zimzum*, diesen kosmogonischen Zentralbegriff der Lurianischen Kabbala«, den Jonas jedoch noch »radikalisiert«[16]. Luria übernimmt den Ausdruck »Zimzum« (hebräisch Konzentration, Kontraktion) aus dem Midrasch, der rabbinischen Erforschung und Kommentierung der Bibel. Dort ist an einigen Stellen davon die Rede, Gott habe seine Schechina, seine Gegenwart, im Allerheiligsten des Tempels, am Ort der Cherubim, »konzentriert«, gleichsam seine ganze Macht auf einen Punkt »zusammengezogen« und »beschränkt«. Luria verwendet »Zimzum« jedoch in gegenteiliger Bedeutung: Gott konzentriere sich nicht *an* einen Ort, sondern *weg* von einem Ort, um – im Bild gesprochen – Platz zu schaffen für die Schöpfung. Die Existenz des Weltalls sei durch einen Prozeß des Einschrumpfens in Gott möglich geworden. Denn wie könnte eine Welt existieren, wenn Gottes Wesen überall ist, Gott alles in allem ist? Wenn Gott aus dem Nichts schaffen will, muß er dann dieses Nichts nicht zuvor bereitstellen, einen Bezirk freigeben, aus dem er sich zurückzieht, einen mystischen Urraum, in den er dann schaffend und sich offenbarend wieder eintreten kann? In immer neuen Bildern versucht Scholem, Lurias Vision dem Leser näherzubringen: Der erste Schritt bei der Schöpfung sei keiner nach außen, sondern nach innen, ein Wandern Gottes in sich hinein, eine »Selbstverschränkung Gottes ›aus sich selbst in sich selbst‹«. Und das tue Gott seit Beginn der Schöpfung immer wieder. »Man ist versucht, dieses Zurückgehen Gottes auf sein eigenes Sein mit Ausdrücken wie ›Exil‹ oder ›Verbannung‹ seiner selbst aus seiner Allmacht in noch tiefere Abgeschiedenheit zu interpretieren. So aufgefaßt, wäre die Idee des *Zimzum* das tiefste Symbol des Exils, das gedacht werden könnte«[17]: Gottes Allmacht im Exil, »Zimzum« das Schlüsselwort für die Selbstbeschränkung der Allmacht Gottes als Bedingung der Möglichkeit von Schöpfung, für Jonas die Erklärung für das Schweigen Gottes in Auschwitz.

Unter den christlichen Denkern hat vor allem der Tübinger evangelische Theologe Jürgen Moltmann auf das »Zimzum« in der kabbalistischen Interpretation und bei Hans Jonas reagiert. Schon in seiner Gotteslehre »Trinität und Reich Gottes« aus dem Jahre 1980 gibt es in dem Kapitel »Die Schöpfung des Vaters« ein Unterkapitel »Gottes Selbstbeschränkung«. Darin nimmt Moltmann die viel diskutierte Frage einer Schöpfung »nach außen« oder »nach innen« auf: Der Weltprozeß sei zweiseitig zu verstehen, jede Stufe enthalte die Spannung zwischen dem in Gott selbst zurückflutenden

Licht und dem aus ihm hervorbrechenden Licht; jedem Akt nach außen gehe ein Akt nach innen voraus, der das Außen ermögliche; Gott schaffe gleichzeitig nach innen wie nach außen; er schaffe, indem und weil er sich zurücknehme. »Die machtvolle Schöpfung im Chaos und aus dem Nichts ist zugleich eine Selbsterniedrigung Gottes in die eigene Ohnmacht.«[18]

Fünf Jahre später, 1985, in seiner Ökologischen Schöpfungslehre »Gott in der Schöpfung« führt Moltmann diese Überlegungen mit Berufung auf Luria und Scholem weiter: Nur indem und soweit der allmächtige und allgegenwärtige Gott seine Gegenwart zurücknehme und seine Macht einschränke, könne das »nihil«, das Nichts, für die »creatio ex nihilo«, die Schöpfung aus dem Nichts, entstehen. Und Moltmann verweist auf eine christliche Tradition für eine solche Auffassung, die auf Cusanus zurückgehe: Nicolaus von Cues (1401-1464), Johann Georg Hamann (1730-1788), Friedrich Christoph Oetinger (1702-1782), Schelling (1775-1854), Emil Brunner (1889- 1966) und andere hätten »in der Einräumung einer Schöpfung durch Gott den ersten Akt derjenigen *Selbsterniedrigung Gottes* gesehen, die im Kreuz Christi ihren tiefsten Punkt erreicht«[19], eine Anspielung auf den urchristlichen Hymnus, den Paulus in seinem Brief an die Philipper 2,5-8 zitiert: Christus Jesus »war Gott gleich, hielt aber nicht daran fest, wie Gott zu sein, sondern er entäußerte sich und wurde wie ein Sklave und den Menschen gleich. Sein Leben war das eines Menschen; er erniedrigte sich und war gehorsam bis zum Tod, bis zum Tod am Kreuz.«

Wieder vier Jahre später, 1989, behandelt Jürgen Moltmann in »Der Weg Jesu Christi« in dem Leiden des Jesus von Nazaret ausführlich das Leiden Gottes – eine Konsequenz aus der Einschränkung der göttlichen Allmacht und aus der Menschwerdung Gottes in die Ohnmachtsgestalt Jesu Christi – und beruft sich dabei auch auf Hans Jonas: Der Gedanke des »mitleidenden Gottes« sei ein alter jüdischer Gedanke[20].

»Allmacht«, ein sinnloser Begriff?

Nehmen wir Abschied vom allmächtigen Gott, weil sich Auschwitz nicht anders mit einem gütigen Gott vereinbaren läßt? Oder weil eine Schöpfung aus dem Nichts dadurch vorstellbarer wird, wenn man aus der jüdisch-kabbalistischen Überlieferung den Gedanken der Selbstbeschränkung Gottes zu Hilfe nimmt? Es gibt Stimmen, die schon den Begriff »Allmacht« als sinnlos betrachten.

Nach Hans Jonas ist »Allmacht« bereits auf rein logischer Ebene paradox und ohne Entsprechung in der Wirklichkeit. Aus dem Begriff der Macht folge, daß »Allmacht« in sich selbst widersprüchlich sei und sich selbst aufhebe, und das in zweifacher Hinsicht. Existiert die »Allmacht« allein, könne sie sich auf nichts erstrecken. »Als gegenstandslose Macht aber ist sie machtlose Macht, die sich selbst aufhebt. ›All‹ ist hier gleich ›Null‹.« Oder es existiert noch etwas neben der »Allmacht«. Dann habe dieses eine gewisse Eigenmacht schon durch seine Existenz und müsse die »Allmacht« einschränken. »Die bloße Existenz eines solchen anderen würde schon eine Begrenzung darstellen, und die eine Macht müßte dies andere vernichten, um ihre Absolutheit zu bewahren.« Da nun der jüdisch-christliche Gott nach Überzeugung dieser Religionen Schöpfer des Universums ist, ohne es bisher wieder zu vernichten, hat er durch die Existenz der Schöpfung seine »Allmacht« eingebüßt. Daran ändere auch die Tatsache nichts, daß es sich bei der Schöpfungsmacht um geschenkte Macht handelt, nicht um ursprüngliche Eigenmächtigkeit wie zum Beispiel in den gnostischen Weltvorstellungen, die von einem prinzipiellen Dualismus ausgehen, von zwei Prinzipien, die um die Macht kämpfen. Auch geschenkte Macht ist eine Gegenmacht, die die Ursprungsmacht einschränkt[21].

Im Vergleich zu dieser Argumentation wirken die traditionellen Fragen, durch die man gewöhnlich die Rede von der »Allmacht« Gottes in Verlegenheit bringt, plump, so die von Gerhard Streminger 1992 vorgebrachten: Allmacht Gottes werde üblicherweise definiert, Gott könne tun, was er wolle, sei Herr über die Naturgesetze. Aber unterliegt er nicht logischen Beschränkungen? Könne er einen Kreis schaffen, der quadratisch, ein Viereck, das fünfeckig, ein Eisen, das hölzern ist? So seien die meisten Theisten der Meinung, Gott sei auch an die Gesetze der Logik gebunden. Doch woher stammen sie? Gibt es nicht doch zwei Götter, den mächtigen Schöpfer Himmels und der Erde und den viel mächtigeren Schöpfer der Logik. Also sei Gott »nicht *all*mächtig, sondern nur *sehr* mächtig«. Aber ist das noch der Gott des traditionellen jüdisch-christlichen Glaubens? Für den Philosophen Streminger gilt: »Der Ausdruck ›Allmacht bis zu einem gewissen Grad‹ macht keinen Sinn.«[22]

So gibt denn auch der katholische Theologe Herbert Frohnhofen die logische Widersprüchlichkeit des Begriffs »Allmacht« zu. Er bringt als Beispiel das in der angelsächsischen Sprachphilosophie diskutierte Stein-Paradox, das in der Frage gipfelt: »Kann Gott einen so großen Stein machen, daß er ihn nicht mehr tragen kann? Ob man nun auf diese Frage mit ›Ja‹ oder ›Nein‹ antwortet, in jedem Fall gibt es etwas, von dem man sagt, daß Gott es nicht kann: Entweder einen so großen Stein machen oder aber diesen Stein tragen.«[23]

Diese Diskussion darüber, ob Gott tun kann, was er will, oder ob auch er sich den Gesetzen der Logik und Ontologie fügen muß, ist für unser Thema weniger abwegig, als es scheint. Denn unterläge Gott keinerlei Beschränkung, problematisiert Streminger die Grundsatzfrage weiter, hätte er die Welt wesentlich besser machen können. Allgütig und an die Gesetze der Logik nicht gebunden, hätte er die Welt ohne diese Fülle an Leid geschaffen, selbst wenn Leid für uns logisch notwendig sein sollte. Nun gibt es dieses Leid, es hat Auschwitz gegeben, woraus folgt: Gott ist entweder nicht allgütig oder nicht allmächtig[24].

»Allmacht«, eine Männerphantasie?

Wenn »Allmacht« nicht nur theologisch, sondern auch philosophisch ein widersprüchlicher Begriff ist, fragt man sich, wieso er in der abendländischen Philosophie- und Theologiegeschichte so lange dazu herhalten konnte, die Theodizeefrage lebendig zu halten bis heute: weil, wie manche meinen, »Allmacht« ein ideologischer Begriff sei. Lange vor den Philosophien und Theologien habe er in den Religionen seine verhängnisvolle Rolle gespielt und Politik gemacht. Er sei entwickelt worden und werde bis heute verteidigt von denen, die ihre eigene Macht durch Gottes Allmacht legitimieren wollen.

Der streitbare Schweizer Theologe Kurt Marti hat 1986 in seinem Buch »O Gott!« auf die Erfindung der Allmacht durch größenwahnsinnige Männer verwiesen. Deshalb sei sie immer negativ besetzt, immer lebensfeindlich, ein Rauschgedanke, eine Männerphantasie. Leider verfügten die Männer auch über die Machtmittel, ihre Allmachtsphantasien zu realisieren, heute durch die Weltvernichtungstechnologie. »Ist es Zufall oder ist's verräterisch, daß gerade Männer und Staatsmänner, wenn sie einmal von Gott reden, mit Vorliebe vom ›Allmächtigen‹ sprechen? Auch Hitler pflegte das zu tun.«[25]

Differenzierter als der protestantische Prediger Marti hat der katholische Theologe Norbert Scholl den vermutlichen »Sitz im Leben« für die Entwicklung der göttlichen Allmachtsvorstellung angedeutet. Historisch ließen sich zwei Funktionen der Berufung auf Gottes Allmacht ausmachen: Erstens die Schutzfunktion gegenüber einer bedrohenden Staatsmacht. Einen allmächtigen Gott hinter sich zu wissen, gäbe Mut zum Widerstand. Von daher vermutlich die häufige Berufung auf den Pantokrator, den Allherrscher, in der biblischen »Offenbarung des Johannes«, dem Mahn- und Trostschreiben aus der Verfolgungszeit des römischen Kaisers Domitian. Zweitens die Legitimationsfunktion gegenüber den Untertanen oder den zu Unterwerfenden, zu beobachten nach dem Zusammenbruch des heidnischen Römerreichs. Die Kaiser Konstantin und Theodosius samt der kirchlichen Hierarchie berufen sich für die Legitimität der ihnen zugefallenen Macht auf den allmächtigen Gott: sie seien seine Werkzeuge. »Machtausübung von Menschen über Menschen kompromittiert so nicht mehr.«[26]

Auch der katholische Bischof Franz Kamphaus von Limburg machte sich diese Sichtweise in seinem Fastenhirtenbrief 1991 zu eigen: Die absolutgesetzte göttliche Allmachtsvorstellung habe Christen dazu geführt, sich mit solcher »Allmacht« zu verbünden und eigenen Machtzuwachs zu gewinnen, statt sich von Gottes Macht in die eigenen Grenzen weisen zu lassen[27].

Frohnhofen schlägt deshalb vor zu überprüfen, ob nicht gerade solche Kirchenmänner theologiegeschichtlich die Allmacht Gottes vertreten hätten, die kirchengeschichtlich eine Machtposition innerhalb oder außerhalb der Kirche innehatten, sichern oder vertreten wollten[28].

III
Schöpfung aus »Leidenschaft«:
Der leidende Gott

»Leidensunfähigkeit gilt offenbar als un-
aufgebbares Attribut der göttlichen Vollkommenheit und Seligkeit. Bedeutet dies
aber nicht, daß die christliche Theologie
bis in die Gegenwart keinen konsequent
christlichen Gottesbegriff entwickelt
hat…?«

Jürgen Moltmann[1]

1961 hielt Hans Jonas an der School of Divinity der Harvard University als Ingersoll Lecture einen Vortrag, der 1962 in der »Harvard Theological Review« unter dem Titel »Immortality and the Modern Temper« erschien und 1963 unter der Überschrift »Unsterblichkeit und heutige Existenz« zusammen mit zwei anderen Aufsätzen auf Deutsch veröffentlicht wurde, ergänzt durch einen »Briefwechsel zwischen Rudolf Bultmann und dem Verfasser anläßlich des Aufsatzes über die Unsterblichkeit«. In dem Aufsatz gibt es eine bewegende Passage, die den Zusammenhang zwischen Auschwitz und dem leidenden, weil ohnmächtigen Gott, das Thema dieses Kapitels, herstellt.

Jonas denkt an die vergasten und verbrannten Kinder von Auschwitz und anderer Lager sowie an die zahllosen Opfer der anderen massenhaften Untaten unserer Zeit. Werden ihre Leiden und Namen bei den Menschen nicht schnell vergessen und sie so von der Unsterblichkeit ausgeschlossen sein? Jonas, der nicht an ein individuelles Fortleben nach dem Tode glaubt, glaubt jedoch an ein Weinen, ein Stöhnen und an einen Zorn in der Höhe. Das Blut der Brüder, das zum Himmel schreit, hängt es nicht wie eine Wolke des Kummers und der Anklage über unserer Welt? Jonas glaubt, »daß die Ewigkeit finster auf uns niederblickt, selber verwundet und verstört in den Tiefen?« Und der Aufsatz endet mit Jonas' Glaubensbekenntnis: »Obwohl kein ewiges Leben uns erwartet, noch eine ewige Wiederkunft des Hier, kann uns doch Unsterblichkeit im Sinne liegen, wenn wir während unserer kurzen Spanne die bedrohten sterblichen Anliegen versehen und dem leidenden unsterblichen Gott Helfer sind.« Der ohnmächtige Gott ist auch der leidende Gott, wie das?

Einspruch erhebend hat denn auch der protestantische Theologe Bultmann seinem einstigen Schüler und späteren Freund zu dieser Passage geschrieben: Es könne für die Leidenden und deren Hinterbliebenen schwerlich ein Trost sein zu wissen, ihr Leiden sei ein sinnvolles Geschehen im Schicksal der Gottheit, in dem Prozeß, in dem die Gottheit im Wechsel von Leben und Tod ihre Wirklichkeit gewinne.

Jonas gesteht daraufhin, er hänge vermutlich einem »nichttrinitarischen Inkarnationsmythus« an. Er sei gleich in Harvard nach diesem Vortrag darauf aufmerksam gemacht worden, daß es in der alten christlichen Kirche einmal etwas ähnliches unter dem Namen des »Patripassianismus« gegeben habe: nicht der Sohn, sondern der Vater selber sei das Subjekt der Passion. Für ihn handele es sich jedoch nicht um eine Glaubenslehre, sondern um einen symbolischen Versuch auszudrücken, »was mir Sinn ins Rätsel des Seins und der Existenz zu bringen scheint«[2]: der leidende Gott als Konsequenz eines ohnmächtigen Gottes.

Einundzwanzig Jahre später, 1984, kommt Hans Jonas mit innerer Notwendigkeit auf diesen symbolischen Versuch, Licht ins Dunkel von Auschwitz zu bringen, zurück. Zunächst verwahrt er sich dagegen, daß sein Versuch mit der mittlerweile viel diskutierten christlichen Bedeutung des Ausdrucks ›leidender Gott‹ verwechselt werde. Jonas spreche nicht wie die christliche Theologie von einem einmaligen Akt, durch den Gott zum Zwecke der Erlösung in eine bestimmte Leidenssituation – Menschwerdung und Kreuzigung – seinen Sohn gesandt habe. Jonas meine vielmehr, »daß das Verhältnis Gottes zur Welt *vom Augenblick der Schöpfung an*, und gewiß von der Schöpfung des Menschen an, ein Leiden seitens Gottes beinhalte«. Wenn Jonas auch zugibt, es handele sich dabei um seinen privaten Mythos, so versucht er doch anzudeuten, daß es von seiner Vorstellung aus Brücken zur Bibel geben könnte: »Begegnen wir nicht auch in der hebräischen Bibel Gott, wie er sich vom Menschen mißachtet und verschmäht sieht und sich um ihn grämt? Sehen wir ihn nicht einmal sogar bereuen, daß er den Menschen schuf, und häufig Kummer leiden an der Enttäuschung, die er mit ihm erfährt – und besonders mit seinem erwählten Volk? Erinnern wir uns an den Propheten Hosea und Gottes bewegte Liebesklage um sein ungetreues Weib Israel.«[3]

Ist Gott »apathisch«?

Zehn Jahre nach Jonas' erstem Plädoyer für die Vorstellung von einem leidenden Gott erscheint 1972 Jürgen Moltmanns Buch »Der gekreuzigte Gott«[4] und löst eine heftige Diskussion[5] aus. Der protestantische Theologe läßt sich davon nicht beirren und entwirft acht Jahre später in »Trinität und Reich Gottes« (1980) eine »Gotteslehre«, die ganz von der Leidenserfahrung Gottes und der Menschen ausgeht: Die Geschichte der Welt sei die Geschichte des Leidens Gottes. In den Augenblicken der tiefsten Offenbarung Gottes stehe ein Leiden: der Schrei der Gefangenen in Ägypten, der Todesschrei Jesu am Kreuz, das Seufzen der geknechteten Schöpfung nach Freiheit. Im Leiden Gottes komme die unendliche Leidenschaft der Liebe Gottes zum Ausdruck, das Geheimnis des dreieinigen Gottes[6].

So umkreist denn auch Moltmann in den folgenden »systematischen Beiträgen zur Theologie« immer wieder das Geheimnis der Passion Gottes: Das Leiden des Schöpfers in der ökologischen Schöpfungslehre »Gott in der Schöpfung« (1985); das Leiden des Sohnes in der Christologie in messianischen Dimensionen »Der Weg Jesu Christi« (1989); das Leiden des Göttlichen Geistes in »Der Geist des Lebens« (1991).

Die katholischen Theologen Walter Groß und Karl-Josef Kuschel machen darauf aufmerksam, Moltmann habe seine Rede vom Leiden Gottes auf Grund persönlicher Erfahrungen entwickelt. Ähnlich wie für Hans Jonas die Auschwitz-Erfahrung sei es für Moltmann, Jahrgang 1926, die Lager-Erfahrung als Kriegsgefangener gewesen[7]. Moltmann selbst erzählt, es sei die Erfahrung der Gegenwart Gottes in der dunklen Nacht der Seele gewesen. Ein wohlmeinender Armychaplein habe ihm damals ein Neues Testament geschenkt, etwas zu essen wäre ihm lieber gewesen. Aber dann habe ihn besonders der Psalm 39 fasziniert: »Ich bin verstummt und still und schweige fern der Freude und muß mein Leid in mich fressen …« Die Psalmen hätten ihm die Augen geöffnet für den Gott, der bei denen wohnt, »die zerschlagenen Herzens sind«[8].

Doch wenn Gott bei denen ist, die leiden, wie könnte er dann selbst unberührt vom Leiden bleiben, unfähig zum Mit-Leiden? Das ist der Grundgedanke Moltmanns, der ihn vom Glauben an die Gegenwart Gottes im Leiden zum Glauben an den leidenden Gott geführt hat.

Wie aber war es möglich, daß gerade im Christentum, das sich ganz und gar von der Leidensgeschichte des Jesus von

Nazaret, den es als Christus und Sohn Gottes bekennt, herleitet, die Lehre von der Apathie, der Leidens-Unfähigkeit Gottes, so lange triumphierte? Moltmann gibt dafür zwei Gründe an: Einmal das Erbe der griechischen Philosophie, wonach eine leidensunfähige, unbewegliche, einheitliche und sich selbst genügende Gottheit der bewegten, leidenden, zerstreuten und sich selbst niemals genügenden Welt gegenüberstehe[9]. Sodann das Bemühen der frühen christlichen Kirche, das Leiden des Sohnes Gottes als Heilsgeschehen herauszustellen, das den Menschen in die Unsterblichkeit, Unvergänglichkeit und Leidensunfähigkeit hinein erlöse. »Apathie ist also göttliches Wesen und Inbegriff menschlichen Heils in der göttlichen Gemeinschaft.«[10]

Die frühe Theologie des göttlichen »Pathos«

»Gott leidet nicht wie die Kreatur aus Mangel an Sein. Insofern ist er apathisch. Er leidet aber an seiner Liebe, die der Überfluß seines Seins ist. Insofern ist er pathisch.«[11] Dieses Wort Moltmanns faßt die Theologie des göttlichen Leidens zusammen, die es, obwohl die Vorstellung von der Apathie Gottes vorherrschte, in der philosophisch-theologischen Tradition des jüdisch-christlichen Abendlandes auch gegeben hat.

Die Vorstellung vom leidenden Gott ist tief in der jüdischen Tradition verwurzelt. Darauf machen wie Jonas (siehe S. 55) auch Brocke/Jochum in ihrer »Jüdischen Theologie des Holocaust« aufmerksam. Der Gott der Bibel sei unentwegt mit den Angelegenheiten der Menschen beschäftigt. Er streite für das Recht der Witwen und Waisen, er ärgere sich und gerate in Zorn, er sei eifersüchtig und freue sich wie ein Liebender. Er tröstet und leidet mit den Menschen, mit Israel in Ägypten und im Exil. Er trauert, weil seine Geschöpfe im Roten Meer ertrinken. Er zieht mit in die Diaspora. Gott nehme teil an den Leiden der Menschen, damit der Mensch teilhabe an den Leiden Gottes[12].

In diesem Jahrhundert sei laut Moltmann der jüdische Theologe Abraham Heschel einer der ersten gewesen, der in »Die Prophetie«, erschienen 1936 in Krakau, dann ausführlicher in »The Prophets« 1962 in New York die Theologie des apathischen Gottes bestritten und ihr als Theologie der biblischen Propheten eine »Theologie des göttlichen Pathos« gegenübergestellt habe, in Auseinandersetzung mit der jüdischen Religionsphilosophie von Philon (20 v.Chr.-50 n.Chr.), Jehuda Halevi (1080-1140), Maimonides (1135-1204) und Spinoza (1632-1677). Der biblische Gott sei ein leidenschaftlicher Gott, der Leiden schafft und Leiden erfährt[13].

Die schon erwähnte spätjüdische rabbinische und kabbalistische Theologie von der Selbsterniedrigung und der Schechina Gottes führt diese biblische Theologie des göttlichen Leidens weiter und verknüpft mit Gott nicht nur Israels Leiden, sondern auch Israels Erlösung: seine Befreiung befreit auch Gott. »Da man das Leiden Gottes im Exil ganz ernst nahm, mußte man in der Erlösung Israels aus dem Exil folgerichtig auch eine Erlösung Gottes selbst erblicken.«[14] Die Verbundenheit und gegenseitige Abhängigkeit in Freude und Leid zwischen Gott und seinem Volk werden immer größer.

Sahen sich schon jüdische Theologen im Blick auf den biblischen Gott, der mit seinem Volk leidet, gezwungen, gegen den philosophischen Begriff von der Leidensunfähigkeit

Gottes Widerspruch einzulegen, um wieviel mehr, sollte man meinen, christliche Theologen mit Blick auf den leidenden Christus, den sie als den Sohn Gottes bekennen! Doch die spärlichen Zeugnisse der Kirchenväter zeigen das Übergewicht der philosophischen Tradition. Immerhin wünscht Ignatius von Antiochien (gestorben spätestens 117), »Nachahmer der Leiden meines Gottes zu sein«. Unanstößig erschien auch der Satz des Meliton von Sardes (gestorben ca. 190): »Gott litt am Verbrechen gegen den Israeliten«, und für Tertullian (um 150-220) besteht der christliche Glaube im »Glauben, daß Gott auch gestorben ist« sowie im Bekenntnis zum »deus crucifixus«, zum gekreuzigten Gott[15].

Am weitesten geht Origines (gestorben 253/4), der bedeutendste der griechischen Kirchenväter, in einer Predigt zu Ezechiel 16. Zunächst heißt es vom Sohn Gottes: »Er stieg auf die Erde herab aus Mitleiden mit dem Menschengeschlecht; er hat unsere Leiden gelitten, bevor er das Kreuz erlitt und bevor er sich entschloß, unser Fleisch anzunehmen; denn hätte er (vorher) nicht gelitten, so wäre er nicht in den Wandel des Menschenlebens eingetreten. Zuerst hat er gelitten, dann stieg er herab und wurde sichtbar. Was ist das für ein Leiden, das er für uns erlitt? Es ist das Leiden der Liebe. Und der Vater selbst, der Gott des Alls, ›langmütig und sehr mitleidend‹, der sich Erbarmende, leidet nicht auch er in gewisser Weise? Oder weißt du nicht, daß er, wenn er sich um das Menschliche kümmert, menschliches Leiden leidet (passionem patitur humanam)? Denn ›es trug der Herr, dein Gott, deine Sitten, wie wenn ein Mensch seinen Sohn erträgt‹. So erträgt Gott unsere Sitten, wie der Sohn Gottes unsere Leiden trägt. Selbst der Vater ist nicht leidensunfähig (ipse pater non est impassibilis). Wenn er angerufen wird, erbarmt er sich und teilt den Schmerz; er erleidet etwas von der Liebe und versetzt sich in jene, in welchen er wegen der Größe seiner Natur nicht sein kann, und hält unseretwegen menschliches Leiden aus.«[16]

Bahnbrechend ist Origines deshalb, weil er – ausgehend von der Leidensgeschichte des menschgewordenen Sohnes Gottes – die Leidensbereitschaft des präexistenten Gottessohnes betont und diese auch bei Gott dem Vater annimmt als Voraussetzung der Schöpfungsgeschichte als Heilsgeschichte.

Die Frage, ob Gott, indem er sich auf ein solches Schöpfungsdrama einläßt, nicht seine Freiheit aufs Spiel setzt, behandelte bereits der Originesschüler Gregor Thaumaturgos (gestorben um 270/75) in seinem Traktat »Über die Leidensunfähigkeit und Leidensfähigkeit Gottes«, der vermutlich ersten Monographie zu diesem Thema. Gregor unterscheidet zwischen der leidensunfähigen Natur Gottes, für die es keine Notwendigkeit gibt, in irgendeiner Weise zu leiden, und dem souveränen Willen Gottes, der, wenn er will, auch leiden kann – aus solidarischer Liebe zur Schöpfung. Einerseits ist Gottes Natur »keinem Gesetz und keiner Notwendigkeit und keiner Gewohnheit und keiner Widerspenstigkeit und keiner Furcht und keinem Wachstum und keiner Krankheit unterworfen«. Andererseits ist das Heilshandeln Gottes in seiner Freiheit durch nichts eingeschränkt: »Wer … durch die Macht der Notwendigkeit abgehalten (wird), gute Werke zu tun, dieser hört auf (Gott zu sein), auch wenn er Gott genannt wird.«[17]

Origenes und seine Schüler entwickelten ihre Auffassung von der Leidensfähigkeit Gottes in Abwehr der Irrlehren in der Dreifaltigkeitslehre. Doch die Verurteilung des Eingott-Glaubens (Patripassianismus) wie des Dreigott-Glaubens durch Papst Dionysius (259-268) verhinderte für nahezu ein

Jahrtausend auch die Weiterentwicklung der Auffassung des Origines. Denn diese fällt unter keine der beiden von Papst Dionysius verurteilten Häresien: »Dieser (Sabellius) lästert, wenn er sagt: der Sohn sei der Vater und umgekehrt; jene (die Anhänger des Marcion) verkünden in einem gewissen Sinne drei Götter, indem sie die heilige Einheit in drei verschiedene, voneinander vollständig getrennte Wesen aufteilen. Denn es ist notwendig, daß das göttliche Wort mit dem Gott aller Dinge vereinigt sei«[18], wie auch Origines betonte. Denn nur die Identität Jesu von Nazaret, des Gekreuzigten, mit dem präexistenten Gottessohn gibt der Kreuzigung ihren »Heilswert«.

Luthers »gekreuzigter Gott«

Es war Martin Luther, der die Ansätze der Kirchenväter aufnahm und sie in seiner Kreuzestheologie für die Neuzeit bis in die Gegenwart hinein fruchtbar machte.
Auch Luther ging davon aus: Das Gottesbild der Philosophen ist nicht das Gottesbild der christlichen Offenbarung. In der Heidelberger Disputation von 1518 heißt es: »Gottes unsichtbares Wesen sind Kraft, Gottheit, Weisheit, Gerechtigkeit, Güte usw. Dies alles zu erkennen, macht weder würdig noch klug.« Das sei das Geschäft der Philosophen. Christlicher Theologe sei jedoch »nur der, der Gottes sichtbares und (den Menschen) zugewandtes Wesen durch Leiden und Kreuz erblickt und erkennt … nämlich seine Menschheit, Schwachheit, Torheit … Der Theologe des Kreuzes nennt die Dinge beim rechten Namen. Das ist klar. Denn solange er Christus nicht kennt, erkennt er auch den in Leiden ver-

borgenen Gott nicht ... Es ist schon gesagt, daß Gott nur in Leiden und Kreuz zu finden ist.«[19]

Luthers Kreuzestheologie setzt voraus, daß der gekreuzigte Mensch Jesus von Nazaret auch wirklich der Sohn Gottes, göttlicher Natur ist. Luther räumte die logischen Schwierigkeiten ein: »Zu sagen, daß die Gottheit Mensch geworden ist und auch nicht Mensch geworden ist, ist ein völliger Widerspruch«, jedoch nur, wenn man abstrakt, ungeschichtlich denkt. »So sage ich mit Recht: die Gottheit leidet nicht, die Menschheit erschafft nicht. Dies sage ich von der abstrakten, für sich genommenen Gottheit. Aber dies darf man nicht tun. Die Abstrakta sind nicht zu trennen, sonst ist unser Glaube falsch. Vielmehr ist an das Konkrete zu glauben: dieser Mensch ist Gott.« Gegen Zwingli, der nur von einer rhetorischen Zuweisung der Eigenschaften an die je andere Natur (der göttlichen und der menschlichen in Jesus) gesprochen hatte, betonte Luther: »Dieser Mensch (Jesus) erschuf die Stern; Gott schreit in der Wiege; der Mensch (Jesus), der an der Mutterbrust saugt, ist Schöpfer und Herr der Engel: der alles erschuf, liegt in der Krippe«[20], folgerichtig: der am Kreuze hängt, ist der gekreuzigte Gott. Gottes Solidarpakt mit der Schöpfung ist keine Rhetorik, sondern gründet in der geschöpflichen Existenzweise des Schöpfers.

Auch im 17. und 18. Jahrhundert wurde die Fragestellung nicht ganz vergessen, wie der Buchtitel »Historia von dem heiligen Leiden des unsterblichen Gottes im sterblichen Leibe«, Kempten 1678, von G. Stanihurstius zeigt.

Schelling und Hegel: »Gott selbst ist tot«

Es waren dann die Philosophen des Deutschen Idealismus, Schelling und Hegel, die diese Theologie des sich herablassenden, sich entäußernden, gekreuzigten Gottes in ihre spekulativen religionsphilosophischen Systeme hineinnahmen und dadurch das traditionelle philosophische Gottesbild von der Unveränderlichkeit und Leidensunfähigkeit Gottes korrigierten. Daß Gott sich einschränken kann, war für sie Ausdruck göttlicher Vollkommenheit, höchster Kraft und Freiheit. »Passive Einschränkung ist allerdings Unvollkommenheit, relativer Mangel an Kraft«, heißt es bei Schelling 1810 in den Stuttgarter Privatvorlesungen, »aber sich selbst einschränken, sich einschließen in Einen Punkt, aber diesen auch festhalten mit allen Kräften, nicht ablassen, bis er zu einer Welt expandiert, dies ist die höchste Kraft und Vollkommenheit. Goethe sagt:

> Wer Großes will, muß sich zusammenraffen,
> In der Beschränkung zeigt sich erst der Meister.

… Contraktion aber ist der Anfang aller Realität … Der Anfang der Schöpfung (ist) allerdings eine *Herablassung* Gottes; er läßt sich eigentlich herab ins Reale, contrahiert sich ganz in dieses. Aber hierin ist nichts, was Gott unwürdig wäre. Eben die Herablassung Gottes ist das Größte auch im Christentum. Ein metaphysisch hinaufgeschraubter Gott taugt weder für unsern Kopf noch für unser Herz … Je mehr wir diesen Begriff von Gott hinaufschrauben, desto mehr verliert Gott für uns an Lebendigkeit, desto weniger ist er als ein wirkliches, persönliches, im eigentlichen Sinn, wie wir, lebendes Wesen zu begreifen. Verlangen wir einen Gott, den wir als ein ganz lebendiges, persönliches Wesen ansehen können, dann müssen wir ihn eben auch ganz menschlich ansehen, wir müssen annehmen, daß sein Leben die größte Analogie mit dem menschlichen hat, daß in ihm neben dem ewigen Sein auch ein ewiges Werden ist, daß er mit einem Wort alles mit dem Menschen gemein hat, ausgenommen die Abhängigkeit.«[21]

Auch für den Hegel der 1820er Jahre wurde »das zeitliche, vollkommene Dasein der göttlichen Idee in der Gegenwart … nur in Christi Tod angeschaut. Die höchste Entäußerung der göttlichen Idee: ›Gott ist gestorben, Gott selbst ist tot‹ ist eine ungeheure, fürchterliche Vorstellung, die vor die Vorstellung den tiefsten Abgrund der Entzweiung bringt.«[22] Hegel wie auch Schelling nahmen die Offenbarung des gekreuzigten Gottes so ernst, daß sie in ihr ein »Moment der göttlichen Natur selbst« sahen. Hegel war davon überzeugt, mit seiner Formulierung vom »spekulativen Karfreitag« auf den Begriff zu bringen, was am »historischen« Karfreitag offenbar geworden sei: »›Gott selbst ist tot‹ heißt es in einem lutherischen Liede; damit ist das Bewußtsein ausgedrückt, daß das Menschliche, Endliche, Gebrechliche, die Schwäche, das Negative göttliches Moment selbst ist, daß es in Gott selbst ist, daß das Anderssein, die Endlichkeit, das Negative, nicht außer Gott ist … Es ist das Anderssein, das Negative gewußt als Moment der göttlichen Natur selbst.«[23]

Die Internationale der »Kenotiker«

Die Herausforderung, die in der Interpretation des gekreuzigten Gottes durch Schelling und Hegel liegt, wurde in der Theologie von den sogenannten deutschen »Kenotikern«

(von griechisch kenosis, Entäußerung) des 19. Jahrhunderts angenommen. Für E. Sartorius (1853) besteht die Kenosis Gottes darin, daß er auf den Gebrauch der göttlichen Macht und Herrlichkeit verzichtet, beide aber nicht verliert. Für Th.A. Liebner (1849) gibt der Sohn Gottes die göttliche Vollmacht in der Menschwerdung an den Vater zurück, erwirbt sie jedoch wieder durch Gehorsam. Für G. Thomasius (1855) jedoch ist »die Erniedrigung nicht eine bloße Verhüllung, sondern eine wirkliche Kenosis der bezeichneten göttlichen Eigenschaften, und zwar nicht bloß ihres Gebrauchs, sondern ihres Besitzes«. Für W.F. Geß (1887) ist die Kenosis des Sohnes vor allem eine »Entherrlichung«, ein »Verzicht auf die Macht über Himmel und Erde«. Für I.A. Dorner (1883) ist es ein inneres Erfordernis der göttlichen Liebe, »daß sie sich lebendig beteilige an der zeitgeschichtlichen Menschheit, um Teil zu geben an sich selber«[24]. Gott stirbt den geschöpflichen Tod, um Anteil zu geben an seinem göttlichen Leben.

Intensiver noch als deutschsprachige Theologen bedachten Anglikaner die Vorstellung des am Kreuz Christi leidenden Gottes. 1866 schrieb James Hinton in »The Mystery of Pain«: »Wenn Gott uns sich selbst zeigen will, dann muß er sich uns als Leidender zeigen, der auf sich nimmt, was wir Schmerz und Verlust nennen. Dies ist sein Teil. Von Ewigkeit her hat er dies für sich erwählt. Das Leben Christi zeigt uns das ewige Leben.« 1913 antwortete C.E. Rolt in »The World's Redemption« auf die Frage nach der göttlichen Allmacht angesichts der Evolutionstheorie Darwins: Die einzige Allmacht, die Gott besitzt und in Christus offenbart, ist die Allmacht der leidenden Liebe. Erschüttert durch die Leiden des Ersten Weltkriegs schrieb der Prediger und Dichter G.A. Studdert Kennedy in »The Hardest Part« 1918: »Ich möchte die Welt für die Verehrung des geduldigen, leidenden Vaters gewinnen, der in Jesus Christus offenbar ist … Gott, der Vater, der Gott der Liebe, ist überall in der Geschichte, aber nirgendwo ist er der Allmächtige. Immer und überall sehen wir ihn leidend, suchend, gekreuzigt, aber gewinnend. Gott ist Liebe.«[25] Einen schöpfungstheologischen Entwurf legte Bertrand R. Brasnett in »Das Leiden des leidlosen Gottes« (1928) vor. Gott habe sich in seine mit Freiheit begabte und ihm dann widerstrebende Schöpfung so sehr engagiert, daß sie »Gott leidensfähig macht, hat er sich doch sozusagen dem Werk seiner Hände gebunden überantwortet«. Gott finde jedoch »mehr Freude an einer befleckten Schöpfung als an einer unbefleckten Leere«, und bliebe er leidlos, wäre er »kalt, tot, statisch, unbeweglich«[26].

Neben den deutschen und anglikanischen waren es die russischen »Kenotiker« Nikolaj Berdiajew (1847–1948) und Sergej Bulgakow (1871–1944), die sich mit dem Problem des gekreuzigten Gottes, angeregt von Schelling und Hegel, auseinandersetzen. Für den Religions- und Geschichtsphilosophen Berdiajew offenbart sich im Kreuz Christi das innergöttliche »tragische Leidensmysterium, das von der Gottheit … durchlebt wird«, das göttliche Mysterium der himmlischen Gottesgeburt[27]. Hatte doch Hegel 1807 in der Vorrede zur »Phänomenologie des Geistes« zwar zugestanden, das innergöttliche Leben könne wohl »als ein Spielen der Liebe mit sich selbst« bezeichnet werden; doch »diese Idee sinkt zur Erbaulichkeit und selbst zur Fadheit herab, wenn der Ernst, der Schmerz, die Geduld und Arbeit des Negativen darin fehlt«[28]. Für Berdiajew zeigt sich in der Schöpfung eben dieses »innere Leidensdürsten der Gottheit …, ihre innere Sehnsucht nach … jenem Anderen, der für Gott das Objekt der höchsten, schrankenlosen Liebe zu sein vermöchte«[29].

Daß die irdische Geburt Gottes eine Tragödie geworden ist, sei der Preis für die Freiheit des Geschöpfes, die Gott ihm aus Liebe zugestanden habe: »Gott selbst leidet, Gott wird gekreuzigt, weil die Freiheit existiert. Die göttliche Liebe und das göttliche Opfer sind Gottes Antwort auf das Mysterium der Freiheit, das auch am Ursprung des Bösen und des Leidens steht. Auch die göttliche Liebe und das göttliche Opfer sind Freiheit.«[30] Sie dürfen nicht als Abhängigkeit Gottes interpretiert werden, sondern stammen »aus dem Überschuß seiner schöpferischen Fülle«[31]. In einer seiner letzten Arbeiten verknüpfte Berdiajew Ohnmacht und Leiden Gottes mit der Erlösung: »Der Mensch ist machtlos gegenüber dem Bösen und dem Leiden; aber Gott, als Schöpferkraft, ist gleichermaßen machtlos. Nur der Mensch gewordene Gott, der alle Leiden der Menschen und jeder Kreatur auf sich genommen hat, vermag das Böse zu vernichten und das Leid zu besiegen.«[32]

Ähnlich wie für Berdiajew sind auch für Sergej Bulgakow, der nach seiner Ausweisung aus der Sowjetunion von 1925-1944 die Professur für Dogmatik am Orthodoxen Theologischen St. Sergius-Institut in Paris innehatte, Schöpfung und Erlösung, der historische Karfreitag Ausdruck des ewigen innertrinitarischen Lebens: »Das freiwillige Opfer der selbstlosen Liebe, das Golgatha des Absoluten, ist der Grund der Schöpfung.«[33] In der Trinität vollziehe sich seit Ewigkeit die Opferung des Lammes, des Sohnes, als Ausdruck der göttlichen Liebe, denn »die Liebe ist ohne Opfer machtlos«. Liebe bis in den Tod sei dem innersten Wesen Gottes nicht fremd. Weil Gott der Liebende ist, sei er auch der Leidende: Das sei die Offenbarung des gekreuzigten Gottes auf Golgatha, ein Geschehen, das für Gottes eigenes Sein weder eine Bereicherung noch eine Minderung darstelle, sondern die geschöpfliche Entsprechung zur inneren Wirklichkeit des Schöpfers. Dadurch bleibt die Freiheit Gottes gegenüber der Schöpfung und ihrem Prozeß gewahrt: »Für die Göttliche Dreieinigkeit … ist das Ich und Wir, die Schaffung neuer Ich … ganz und gar ein Akt der Gnade, der Liebe zu den Menschen, der gebenden, nichts als gebenden Göttlichen Liebe, keineswegs aber der Akt einer metaphysischen Notwendigkeit.«[34]

Von Barth bis Balthasar: Leidet Gott unendlich?

Während des Zweiten Weltkriegs entwickelte in Japan der lutherische Theologe Kazoh Kitamori eine »Theologie des Schmerzes Gottes«, die 1946 japanisch, 1972 deutsch erschien. Sie geht mit Luther davon aus, daß wir nur etwas über Gott wissen können, wenn wir das Kreuz Christi als zentrale Offenbarung ernstnehmen. »Der Gott des Evangeliums ist der Gott, der als Vater seinen Sohn sterben läßt und in solchem Handeln Schmerz erleidet.«[35] Es ist Schmerz darüber, daß der Sünder dem gerechten Zorn Gottes verfällt, und darüber, daß Gott den Gegenstand seines Zornes zugleich lieben muß – bis in den Tod seines Sohnes hinein.

Vier Jahre vor dem Erscheinen der deutschen Ausgabe des Buches von Kitamori erschien 1968 »Die Zukunft des toten Gottes« von Gerhard Koch. Auch für ihn ist wie bei Luther und Kitamori das Kreuz Christi die einzig relevante Offenbarung Gottes, und zwar eines Gottes, der im Tode in der Ohnmacht seiner göttlichen Macht erscheine. Der Tod sei der Schöpfung immanent, so wie ihr Werden und Vergehen immanent seien. Diese bewegte Schöpfung sei zugleich Selbstbewegung des Schöpfers. Hier zeigten sich der

Schmerz und der Ernst in diesem Todesgang des wirklichen Gottes. In ihm könne der Vater nicht mehr geschont werden, könne er nicht mehr der unveränderliche sein[36]. Ohne Zweifel ein »lutherischer Hegelianismus«.

Wider Erwarten nahm 1969 der betagte französische Philosoph Jacques Maritain, als konservativer Thomist bekannt, umgetrieben durch Zweifel am traditionellen Gottesbild, in der Pariser »Revue Thomiste« gegen Thomas v. Aquin und die Tradition von der Leidensunfähigkeit Gottes Stellung. »Gott ›leidet‹ mit uns und viel mehr«, weil alles Geschöpfliche von Gott »eminenter« ausgesagt werden muß, auch Schmerz, Leid, Tod. Es gehöre zum unfaßlichen Paradox der göttlichen Seligkeit, daß sie gleichzeitig die ewige Pracht des siegreichen Besitzes und die ewige Pracht der siegreichen Hinnahme sei, vor allem des Leidens und Todes des gekreuzigten Gottessohnes[37].

Gleichsam im Schutz von Maritain und mit Berufung auf ihn erschienen dann in Frankreich zwei weitere Arbeiten zum Thema: 1975 »La souffrance de Dieu« (Das Leiden Gottes) von François Varillon und 1976 »Dieu souffre-t-il?« (Leidet Gott?) von Jean Galot. Varillon knüpft an Maritain an, wenn er sagt, die Einheit von Leiden und Glückseligkeit sei das Geheimnis Gottes, und er führt die Problematik weiter, indem er die Ordnung der Liebe ins Gespräch bringt: »In der Seinsordnung ist Leiden eine Unvollkommenheit. In der Ordnung der Liebe ist es das Siegel der Vollkommenheit.« Wie sollte das der Gottheit fehlen[38]?

Den Zusammenhang von Ohnmacht, Leiden und Liebe Gottes betonte 1980 auch J.-B. Brantschen. Im Gleichnis vom verlorenen Sohn (Lk 15,11-32) sei Gott kein beleidigter Vater, wohl aber ein ohnmächtiger, weil er liebe, und ein leidender, solange seine Söhne nicht freiwillig auf seine Liebe antworteten[39]. Drei Jahre später zog Helmut Riedlinger in »Vom Schmerz Gottes« das Fazit: »Der Gott, der die ewige, unbedingte, unendliche Liebe ist, wäre gewiß nicht selig, wenn er sich dem Schmerz seiner Welt entziehen und in sich selbst verschließen müßte.«[40]

Auf die Theodizeefrage zurückkommend, schrieb der katholische Dogmatiker, Walter Kasper, jetzt Bischof von Rottenburg, 1982: Der »sympathische«, mitleidende Gott, wie er sich in Jesus Christus offenbart habe, sei die endgültige Antwort auf die Theodizeefrage, an der der Theismus wie der Atheismus scheiterten. »Wenn Gott selbst leidet, ist das Leiden kein Einwand mehr gegen Gott.«[41]

Viele dieser Ansätze einer Theologie des gekreuzigten Gottes bündelnd, sprach der spätere Kardinal Hans Urs von Balthasar 1983 von einem »innertrinitarischen Drama«. Schon bei dem protestantischen Theologen Karl Barth sei von Gottes dreieinigem Leiden in Christus die Rede: In Jesus Christus habe Gott selbst − mit dem Sohn in der Einheit des Geistes auch der Vater − mitgelitten, was dieser Mensch Jesus von Nazaret bis zum bitteren Ende zu leiden bekam. Was seien alle Leiden der Welt, auch die Leiden Hiobs neben diesem Mitleiden Gottes selbst, das der Sinn des Geschehens von Getsemani und Golgotha sei? Der Vater sei kein bloßer Zuschauer in der Passion. Das sei das Körnchen Wahrheit in der Lehre der alten ›Patripassianer‹: »Zuerst Gott, und zwar gerade Gott der Vater leidet an der Dahingabe und Sendung seines Sohnes.«[42] Auch Hans Jonas erinnerte Bultmann an die Tradition der Patripassianer (siehe S. 54)!

Daß Gott, wenn er leide, »eminenter«, unendlich, leide, dieser Ansicht ist auch der evangelische Theologe Eberhard Jüngel: Gott sei nicht etwa der, der gar nicht, sondern der,

70

der *unendlich* leiden könne und um seiner Liebe willen unendlich leide[43].

Innertrinitarische Ansätze, auf die sich Balthasar berufen könnte, gibt es auch bei dem katholischen Theologen Heribert Mühlen. Indem der Vater sein Eigenstes nicht schone und auch der Sohn sich selbst nicht vor dem Leiden bewahre, »ist dieses Sich-nicht-Schonen im Vater und im Sohn streng ein und dasselbe«[44]. Auch Moltmann verfährt innertrinitarisch, wenn er formuliert: »Es gab ein Kreuz im Herzen Gottes, bevor das Kreuz auf Golgatha aufgerichtet wurde.«[45]

So ist auch für Urs von Balthasar, der sich auf die von ihm betreute Seherin Adrienne von Speyr beruft (die Zitate im Zitat) das Kreuz seit Ewigkeit ein inneres Moment Gottes: »Im ewigen trinitarischen Leben liegt ein ›Verzichtcharakter‹ – schon darin, daß ›der Vater, auf sein Einzig-sein verzichtend, aus seiner Substanz den Sohn erzeugt‹ – was als ein ›Vor-Opfer‹ bezeichnet werden kann, und aus dem, wenn die Sünde hervortritt, der ›eigentliche Verzicht‹ entsteht, ›so wie Gott aus dem ›Vor-Opfer‹ der ewigen Zeugung die erlösende Kreuzesverlassenheit des Sohnes entwickeln wird‹. Das Kreuz und die daraufhin erfolgte Menschwerdung bleiben innerhalb der Zeitlichkeit deshalb immer aktuell, ›weil sie selbst nicht das Erste sind, sondern gründen in einem ewigen himmlischen Opfer- und Hingabewillen des Sohnes, im untrennbaren Zusammenhang mit der Liebe des dreieinigen Gottes. Nur in Gott ist der Sinn des Kreuzes ganz ...«[46]

IV
Schöpfung als Prozeß:
Der Gott der Evolution

»Der Christus am Kreuz ist der vollkommenste Ausdruck eines ›Gottes der Evolution‹, der im menschlichen Bewußtsein erschienen … Ein Gott der Evolution: das heißt ein Gott vergöttlichend, verchristlichend, zugleich der Im Oben und der Im Vorn … Morgen wird die ganze Welt … in der Kosmogenese denken. Und dann wird der gekreuzigte Gott ganz natürlich (als der gekreuzigte) der mächtigste (weil der am meisten garantierende und der allein ›amorisierende‹) geistige Motor der Ultra-Humanisation sein.«

Pierre Teilhard de Chardin[1]

Am Karfreitag, dem 8. April 1955, zwei Tage vor seinem Tode am Ostersonntag, schrieb Pierre Teilhard de Chardin in New York einen Brief an seinen Ordensoberen in Paris, den Jesuitenprovinzial André Ravier. Das obige Motto zu diesem Kapitel stammt aus diesem Brief. Die wenigen Zeilen enthalten in Kürze, wie Teilhard im Brief selbst sagt, seinen Glauben: »Ihn hätte ich so gern öffentlich bekennen wollen vor dem Sterben«, aber die römische Zensur, der sich der Orden und Teilhard beugten, hatten es seit 1926 verhindert. Erst nach Teilhards Tod verbreiteten sich – ermöglicht durch ein »Komplott« von Freundinnen und Freunden Teilhards innerhalb und außerhalb des Ordens[2] – seine zahlreichen Schriften, drei Bücher und mehrere hundert philosophisch-theologische Traktate, wie ein Lauffeuer um die Welt. Sie wurden – was sie nur vordergründig sind – vorwiegend als Beitrag zur überfälligen Versöhnung der modernen Naturwissenschaften mit dem christlichen Glauben in Form einer religiös orientierten Anthropologie aufgenommen: enthusiastisch von bestimmten Gruppen unter den Katholiken, skeptisch von den Protestanten, ablehnend von dem größeren Teil der Naturwissenschaftler. Das Teilhard de Chardin-Fieber hielt nicht länger als zehn Jahre an. Es nahm in dem Maße ab, als der naturwissenschaftliche, philosophisch-theologische und politische Fortschrittsoptimismus, den man Teilhard nicht ganz zu Unrecht, wenn auch letztlich oberflächlicherweise, unterstellte, durch die atomare Drohung, durch Existentialismus und Strukturalismus sowie durch die Misere des realexistierenden Sozialismus in Verruf geriet. Teilhards epochale Leistung, die konsequente Entwicklung eines neuen, zukunftsfähigen Gottesbildes, wurde von seinen theologischen Freunden wie dem späteren Kardinal Henri de Lubac und der »Nouvelle Théologie« einschließlich ihrer deutschsprachigen Sympathisanten wie Karl Rahner und Urs von Balthasar, die alle von Teilhard »abschrieben«, aus kirchenpolitischen Gründen heruntergespielt[3], wenn auch im Zweiten Vatikanischen Konzil im Rahmen des Möglichen dennoch zur Geltung gebracht. Eine gewisse Rehabilitierung Teilhards erfolgte erst aus Anlaß seines 100. Geburtstags am 1. Mai 1981 »im Namen des Papstes« durch den Kardinalstaatssekretär Casaroli in einem offiziellen Schreiben an den Rektor des Pariser Institut Catholique, aus dessen Lehrkörper Teilhard 1925 entfernt worden war. Rom drückte nun die Hoffnung aus, Teilhards »ganz auf die Zukunft ausgerichtete Synthese in ihrer oft lyrischen und von der Leidenschaft für das Universale durchdrungenen Ausdrucksform sollte dazu beitragen, zweifelnden Menschen die Freude der Hoffnung zurückzugeben«[4].

Diese Synthese besteht vor allem in einem Gottesbild, in dem erstmals in der Geschichte des Christentums ernst gemacht wird mit einem »Gott der Evolution«, der als der »gekreuzigte Gott« der »mächtigste geistige Motor« der »Kosmogenese« ist: der weiteren Entwicklung des Kosmos und – als deren Pfeilspitze – der Menschheit zum Punkt Omega, der Endgestalt des Universums als Symbiose der Liebe zwischen Gottheit und Schöpfung.

In unserem Zusammenhang ist bemerkenswert, daß Hans Jonas mit seinen Bemühungen um einen »Gottesbegriff nach Auschwitz« auf weite Strecken mit dem Gottesbild Teilhards

»konvergiert«: ein Schlüsselwort der Teilhardschen Natur-philosophie und -theologie, für die das evolutive Universum die Eigenschaft hat, die Vielheit auch der Gottesbilder zur Einheit zu führen.

Die werdende Gottheit: Evolution als göttliche Gabe

Erst 1955, in dem Jahr, als Teilhard de Chardin in New York starb, kam Hans Jonas von Ottawa, wo er von 1950-1954 an der Carleton University gelehrt hatte, an die New School for Social Research nach New York. Teilhard und Jonas waren sich anscheinend auch vorher nicht begegnet. Trotz gewisser Parallelen war ihr Leben an verschiedenen Plätzen der Welt verlaufen. Beide hochbegabt und deshalb in ihren Milieus schon früh exponiert, ging Teilhard auf Weisung der kirch-lichen Oberen 1926 fünfundvierzigjährig für zwanzig Jahre ins Exil nach China, von wo er jedoch weltweit wissen-schaftlich arbeiten konnte. Jonas emigrierte wegen der be-ginnenden Judenverfolgung in Deutschland dreißigjährig 1933 über England nach Jerusalem, war während des Zwei-ten Weltkriegs mit britischem Paß Angehöriger einer Jüdi-schen Brigade, kehrte mit den alliierten Truppen 1945 vor-übergehend nach Deutschland zurück und gelangte über Israel und Kanada nach New York. Teilhard hatte, seit 1946 wieder in Paris, dort mit seinen Ansichten erneut Anstoß erregt und war im Dezember 1951 als Forschungsdirektor der Wenner-Gren-Stiftung zur Koordination der paläonto-logischen Forschungen in Afrika nach New York übergesie-delt. Hatten Jonas und Teilhard sich auch nicht persönlich gekannt, so war die explosionsartige Veröffentlichung der Schriften Teilhards Ende der fünfziger Jahre Jonas sicher nicht verborgen geblieben.

Dabei wird er festgestellt haben, daß ihn und Teilhard letztlich die gleichen Probleme verbanden: »Das Phänomen des Lebens. Ansätze zu einer philosophischen Biologie«, »Materie, Geist und Schöpfung. Kosmologischer Befund und kosmogonische Vermutung«, »Macht oder Ohnmacht der Subjektivität. Das Leib-Seele-Problem im Vorfeld des Prinzips Verantwortung«, »Das Prinzip Verantwortung. Versuch einer Ethik für die technische Zivilisation«, um nur vier charakteristische spätere Buchtitel von Jonas zu nennen. Denn der Religionsphilosoph hatte in den Jahren nach dem Zweiten Weltkrieg unter dem Eindruck der verhängnisvollen Rolle der Naturwissenschaften und der Sprachlosigkeit der zeitgenössischen Philosophien angesichts der Orientierungslosigkeit des Menschen wie Teilhard begonnen, eine biologisch fundierte Naturphilosophie zu entwickeln, die in der Tendenz den Überzeugungen Teilhards nahe kam: »Da Leben mit Innerlichkeit, Interesse und Zweckwollen aus dem Weltstoff hervorgegangen ist, kann diesem in seinem Wesen dergleichen nicht gänzlich fremd sein; und wenn seinem Wesen nicht, dann (hier wird das Argument kosmogonisch) auch seinem Anfang nicht.« Dabei betont Jonas, es handele sich bei diesem Befund immer noch nur um eine »immanente Philosophie der Natur«, wenn auch um ein »Zeugnis des Lebens, unermeßlich bedeutend für die Ontologie«[5].

Aus dem kosmologischen und kosmogonischen Befund von Innerlichkeit, Interesse und Zweckwollen des Weltstoffes auf eine Erfolgsgeschichte, Apotheose dessen, was ist, zu schließen, hält Jonas allerdings für Erdichtungen der spekulativen Vernunft, der jede der großen Metaphysiken erlegen seien wie die Spinozas, der Stoiker, Aristoteles', Hegels und auch der Prozeßdenker der Neuzeit wie Leibniz und Whitehead und – in diesem Zusammenhang nennt er ihn ausdrücklich – »wie Teilhard de Chardins Lehre von der zunehmenden Vergeistigung des Alls auf ein panmentales Omega hin«. Demgegenüber – und Jonas skizziert (darin doch Teilhard ähnlich, siehe S. 24) seine eigenen Versuche – »muß eine Metaphysik, die der Verführung des ›siehe, es ist gut‹ widersteht und doch das Zeugnis des Lebens und des Geistes für die Natur des Seins nicht mißachtet, Raum lassen für das Blinde, Planlose, Zufällige, Unberechenbare, äußerst Riskante des Weltabenteuers, kurz für das gewaltige *Wagnis*, das der erste Grund, wenn denn der Geist dabei war, mit der Schöpfung einging.« Und Jonas stellt nun selbst die Verbindung zu unserem Thema her: »Da setzte vor Jahren mein kosmogonischer Versuch ein, der sich nicht zufällig mit dem Namen ›Auschwitz‹ verband (denn das war für mich auch ein theologisches Ereignis). Erdichtung ist er nicht weniger als alle, die ich verwerfen mußte, aber vielleicht doch eine, die dem Weltbefund, wie wir ihn jetzt sehen können und müssen, ein wenig gerechter wird.«[6]

Damit unterstreicht Jonas die Ernsthaftigkeit dieser »Erdichtung«, der man nicht gerecht würde, verstünde man sie als realitätsferne Phantasie. Es handelt sich vielmehr um einen »selbsterdachten Mythos«, den Hans Jonas erstmals in dem schon erwähnten Aufsatz »Unsterblichkeit und heutige Existenz« 1961/62 vorstellte und in dem Buch »Der Gottesbegriff nach Auschwitz« nach über zwanzig Jahren wiederholte. Bei der Erstveröffentlichung begründete Jonas diesen Rückgriff auf den »Mythos« in der für ihn charakteristischen Offenheit und Bescheidenheit: »Wenn ich, wie man manchmal zu tun nicht widerstehen kann, von der Freiheit des Nichtwissens Gebrauch mache, die in diesen Dingen unser Los ist, und vom Mittel des Mythos oder der glaublichen Erfindung, das Plato dafür erlaubte, so fühle ich mich zu Gedanken wie den folgenden versucht…«[7] Es geht, wir sollten es nicht aus dem Auge verlieren, Jonas immer noch um die Frage: »Was für ein Gott konnte Auschwitz geschehen lassen?«, weshalb wir den Mythos jetzt in seiner Fassung in »Der Gottesbegriff nach Auschwitz« zitieren. Es ist Jonas' Versuch einer Antwort im Rahmen eines allumfassenden Zusammenhangs: den der werdenden Gottheit in einer als Evolution beschriebenen Schöpfung, wie sie auch Teilhard de Chardin in seinem Hauptwerk »Der Mensch im Kosmos«, das Ende der fünfziger Jahre in aller Hand war, ausführlich dargestellt hatte.

»Im Anfang«, so beginnt Jonas, »aus unerkennbarer Wahl, entschied der göttliche Grund des Seins, sich dem Zufall, dem Wagnis und der endlosen Mannigfaltigkeit des Werdens anheimzugeben. Und zwar gänzlich: Da sie einging in das Abenteuer von Raum und Zeit, hielt die Gottheit nichts von sich zurück; kein unergriffener und immuner Teil von ihr blieb, um die umwegige Ausformung ihres Schicksals in der Schöpfung von jenseits her zu lenken, zu berichtigen und letztlich zu garantieren.« Dann schildert Jonas das allmähliche Auftauchen der transzendenten Gottheit aus der anfänglichen Undurchsichtigkeit der chaotischen Materie; die sich anschließende Erfahrung von Leben und Tod auf der Stufe des Lebendigen; im Tierreich dann die Erfahrung »von Trieb und Angst, Lust und Schmerz, Triumph und Entbehrung, Liebe und Grausamkeit«, immer noch in der Gewißheit, diesseits von Gut und Böse könne die Gottheit »im großen Glücksspiel der Entwicklung nicht verlieren«. Doch dann

der Stoß der Entwicklung, der auch die Gottheit erzittern läßt: die Heraufkunft des Menschen, von Wissen und Freiheit, von Verantwortung für die Welt und – für die Gottheit: »Mit dem Erscheinen des Menschen erwachte die Transzendenz zu sich selbst und begleitet hinfort sein Tun mit angehaltenem Atem, hoffend und werbend, mit Freude und Trauer, mit Befriedigung und Enttäuschung – und, wie ich glauben möchte, sich ihm fühlbar machend, ohne doch in die Dynamik des weltlichen Schauplatzes einzugreifen.«[8]
Diese Auffassung, daß Gott sich in seine Schöpfung hineinbegibt und gleichsam aus ihr noch einmal geboren werden will, in Abhängigkeit von ihr und vor allem vom Menschen, findet sich nach Gershom Scholem auch in der kabbalistischen Mystik des Isaak Luria und seiner Schule und dürfte Jonas angeregt und bestätigt haben: »Der Prozeß nämlich, in dem er sich selbst zeugt, gebiert und entwickelt, gelangt nicht rein in Gott selbst zum Abschluß. Es gibt Stücke des Restitutionsprozesses, die dem Menschen überantwortet sind … Es ist also mit anderen Worten der Mensch, der dem Antlitz Gottes die letzte Vollendung gibt, der Gott als den König und mystischen Gestalter aller Dinge erst eigentlich in sein Himmelskönigtum einsetzt und dem Gestalter selbst die letzte Gestalt gibt.«[9]
Wie Jonas erst gegen Ende seines Lebens, aber zeitlich noch vor Jonas, wagte es auch Teilhard de Chardin in seiner 1950 verfaßten autobiographischen Skizze über die Entwicklung seines Gottesbildes, ausdrücklich vom Werden Gottes in der Evolution und durch den Menschen zu sprechen. Der Text kursierte zwar in Abschriften auch in New York in eingeweihten Kreisen – doch es ist nicht wahrscheinlich, daß Jonas dazu gehörte –, wurde jedoch erst 1976 unter dem Titel »Das Herz der Materie« im letzten Band 13 der französischen

81

Werkausgabe, auf deutsch erst 1990 veröffentlicht. Darin bekennt Teilhard, und die Parallelen zu Jonas und Scholem/Luria sind deutlich, zunächst hätte er ganz unter dem Einfluß der »Konjunktion von Welt und Gott« gestanden, »nur auf das Ansteigen der Kräfte der Vereinigung« zwischen dem Göttlichen und dem Menschlichen in sich geachtet. Unter dem Einfluß »jener seltsamen Hemmungen, die uns so oft daran hindert, das zu erkennen, was wir vor Augen haben«, hätte er sich keine Rechenschaft darüber gegeben, »daß unausweichlich in dem Maße, als Gott die Welt von den Tiefen der Materie bis zu den Höhen des Geistes ›umformte‹, die Welt im Gegenzug Gott ›einformen‹ mußte. Gerade durch das einigende Wirken, das ihn uns enthüllt, ›verwandelt sich‹ Gott auf irgendeine Weise, indem er uns sich einverleibt.« Teilhard versucht die Aussage noch zu steigern: Gott »nicht einfach nur sehen und sich von Ihm umfangen und durchdringen lassen, – sondern ebenso (wenn nicht in erster Linie) Ihn immer noch weiter entdecken« – und noch eine Steigerung – »oder sogar in einem gewissen Sinne ihn ›vollenden‹« (Teilhard versteckt diese ungeheure Aussage in einer Klammer!). Und er zögert nicht zu betonen, daß ihm »heute die wesentliche Bewegung und das wesentliche Interesse der hominisierten Evolution« so erscheinen. Doch damit nicht genug. Nach »einformen«, »verwandeln« und »vollenden« führt Teilhard auch noch den vierten Terminus, der ihm am Herzen liegt, ein: »verändern«. »Durch die Begegnung seiner Anziehung mit unserem Denken ist Gott um uns herum und in uns dabei, sich zu ›verändern‹. Durch den Aufstieg der ›Quantität kosmischer Einigung‹ werden sein Glanz, seine Farbe reicher.« Wie groß die Hemmungen gewesen sein müssen, die Teilhard nicht nur das traditionelle Gottesbild vom unveränderlichen Gott, sondern auch das evolutive Gottesbild vom einseitigen Einwirken Gottes auf die Schöpfung bereitet haben, kann der Leser ahnen, wenn er den abschließenden Satz zu dieser im gesamten Werk Teilhards entscheidenden Passage auf sich wirken läßt: »So sind das große Ereignis, die große Neuigkeit endlich erkannt, formuliert …«[10]

Die Schöpfung im Prozeß, inszeniert vom »Gott der Evolution«, erscheint Teilhard nun als Gabe, die Gott sich selbst schenkt, um eine weitere Existenzweise annehmen zu können: als »Punkt Alpha« aus dem Schoß der Schöpfung geboren zu werden und sich in ihr als der »kosmische Christus« zu entwickeln, zu verändern und zu vollenden in einer »theokosmischen« Gestalt, die Teilhard den »Punkt Omega« nennt. »Zwangsweise«, heißt es einige Abschnitte weiter in »Das Herz der Materie«, »ist es unter der Herrschaft der schöpferischen Einigung nicht nur das Universum, sondern Gott selbst, der sich in Omega, an den Grenzen der Kosmogenese, ›christifiziert‹. – Anders gesagt, der ›entwickelte‹ Monotheismus, um den sich die besten religiösen Energien der Erde zu konzentrieren scheinen, wird sich logischer- und biologischerweise in Richtung eines gewissen Pan-Christismus vollenden.«[11]

Man hat Jonas verdächtigt, er, der 1928 bei Heidegger und Bultmann über den Begriff der Gnosis promovierte, stehe weiterhin im Bann der Gnosis mit ihren im 2. Jahrhundert grassierenden spekulativen Mythen über den Sündenfall (Gottes) und die allmähliche Erlösung durch den göttlichen Geist[12]. Der Philosoph Carl-Friedrich Geiger hat gegen Jonas vorgebracht: »Auffassungen wie jene, Gott hätte gerade das unbegreifliche Böse (Auschwitz) verhindert, wenn es bei entsprechender Entwicklung seiner selbst möglich gewesen wäre, diskreditieren … den Monotheismus, den sie angesichts des Leidens und des Bösen verteidigen möchten.«[13] Auch der Philosoph Peter Koslowski sieht Jonas in der Nähe des Gnostizismus und Deutschen Idealismus. Deren Überzeugung sei es, daß Gott sein eigenes Werden erleidet und dem Übel in der Welt unterworfen sei, und Erlösung bestünde nach diesen Heilslehren darin, das zu verstehen und dem zuzustimmen. Dagegen sei christliche Gnosis »Theodizee durch den Gedanken des freiwillig das Leiden am Kreuz auf sich nehmenden Gottes. Die Nähe des Judentums zum Gnostizismus des die Welt erleidenden Gottes ergibt sich aus dem nicht-trinitarischen Monotheismus des Judentums, der die trinitarische Lösung …, daß Gott in Christus als Mensch nicht erzwungen, sondern freiwillig leidet, nicht zuläßt.«[14]

Es fragt sich jedoch, ob die Nähe von Hans Jonas – und das gilt auch von Teilhard de Chardin – zu Gnosis und Deutschem Idealismus diese »Irrlehren« nicht eher in neuer Qualität sehen läßt, als daß die beiden Denker durch diese Nähe disqualifiziert würden. Im übrigen weiß Jonas nur zu gut, woher der Widerstand gegen den werdenden Gott kommt: aus der griechischen, platonisch-aristotelischen Überlieferung philosophischer Theologie, »die seit ihrer Einverleibung in die jüdische und christliche theologische Tradition irgendwie eine Autorität für sich usurpiert hat, zu der sie nach authentisch jüdischen (und auch christlichen) Maßstäben keineswegs berechtigt ist«. Im übrigen erwartet Jonas auch nicht, daß alle so weit gehen, wie sein Mythos vorschlägt. Doch »so viel an ›Werden‹ wenigstens müssen wir Gott zugestehen, wie in der bloßen Tatsache liegt, daß er von dem, was in der Welt geschieht, affiziert wird, und ›affiziert‹ heißt alteriert, im Zustand verändert.«[15]

Wenn schon Jonas aus philosophischer Sicht mit seiner Religionsphilosophie vom werdenden Gott auf Widerspruch stößt, um wieviel mehr müßte dann Teilhard aus römisch-katholischer Sicht wegen seiner »Theogenese« angegriffen werden. Bewegt sich nicht eine Theologie des werdenden Gottes am Rande der christlichen Häresien oder befindet sich sogar mitten darin? Allem Anschein nach doch wohl nicht. Denn ausgerechnet der Bischof von Mainz und Vorsitzende der deutschen Bischofskonferenz Karl Lehmann regte in den achtziger Jahren eine theologiegeschichtlich-systematische Untersuchung mit dem Titel »Unveränderlichkeit und Menschwerdung Gottes« nicht nur an, sondern ermunterte den Autor Frank Meessen weiter und unterstützte ihn in vielen Gesprächen mit wertvollen Hinweisen. Die Arbeit wurde dann von dem katholischen Theologen und Teilhardexperten Helmut Riedlinger in die von ihm mitverantworteten »Freiburger theologischen Studien« aufgenommen. In seiner Einführung stellt Meessen fest: Durch die neue heilsgeschichtliche Perspektive in der Theologie würden sämtliche dogmatischen Aussagen innerhalb der traditionellen Gotteslehre einer kritischen Prüfung unterzogen, auch die Eigenschaften Gottes, unter ihnen auch die Unveränderlichkeit (immutabilitas). Könne überhaupt noch ernsthaft von Gott als dem Unveränderlichen gesprochen werden, wenn feststehe, daß Gott nach dem Zeugnis der Schrift ein lebendiges Verhältnis zur Geschichte hat? Am Ende seiner Untersuchung kommt Meessen auch auf den Zusammenhang zwischen Gottes Werden und der Theodizeefrage – in unserer Version: Welcher Gott konnte Auschwitz zulassen? – zu sprechen. Wenn kein unveränderlicher Gott dem Leiden in der Schöpfung weltfern gegenüberstehe, dann rechtfertige sich Gott angesichts des geschöpflichen Leidens dadurch, daß er es »in seinem göttlichen Leiden einbirgt und überwindet«[16].

Hans Jonas hat den großen Zusammenhang, in dem Auschwitz gesehen werden muß, in wenigen Sätzen zusammengefaßt: »Verzichtend auf seine eigene Unverletzlichkeit erlaubte der ewige Grund der Welt zu sein. Dieser Selbstverneinung schuldet alle Kreatur ihr Dasein und hat mit ihm empfangen, was es von Jenseits zu empfangen gab. Nachdem er sich ganz in die werdende Welt hineingab, hat Gott nichts mehr zu geben: jetzt ist es am Menschen, ihm zu geben. Und er kann dies tun, indem er in den Wegen seines Lebens darauf sieht, daß es nicht geschehe, oder nicht zu oft geschehe, und nicht seinetwegen, daß es Gott um das Werdenlassen der Welt gereuen muß.« Spätestens wegen Auschwitz wird es ihn gereut haben. Denn »dies möchte ich glauben: daß Weinen war in den Höhen über die Verwüstung und Entweihung des Menschenbildes; daß ein Stöhnen dem aufsteigenden Schrei unedlen Leides antwortete − und Zorn dem entsetzlichen Unrecht, das an der Wirklichkeit und Möglichkeit jeden so frevelhaft hingeopferten Lebens begangen wurde −, jedes von ihnen ein vereitelter Versuch Gottes.«[17]

Die ermächtigende Gottheit: Evolution als menschliche Aufgabe

Wenn Gott der ohnmächtige und leidende »Gott der Evolution« ist, der sich dem Prozeß, den er in Gang gesetzt hat, selbst unterwirft, dann ist er auch der ermächtigende Gott: der der Schöpfung als ganzer die Macht gibt, letztlich − im Menschen − frei den Gang der Evolution zu bestimmen. Aus der »Machtentsagung des Urgeistes« und um der »Selbstheit endlicher Geister« willen habe es sich nach Hans Jonas ergeben, »daß in unsere unsteten Hände, jedenfalls in diesem irdischen Winkel des Alls, das Schicksal des göttlichen Abenteuers gelegt ist und auf unseren Schultern die Verantwortung dafür ruht«[18]: Die Evolution als Gabe Gottes wird zur Aufgabe des Menschen.

Von einer »Evolution der Verantwortung in der Welt« sprach 1950 auch Teilhard de Chardin. In ihrer Tiefe begriffen, sei diese Evolution nichts anderes als eine besondere Seite der Kosmogenese. Je mehr diese an Ausdehnung, Tiefe und Volumen zunehme, um so größer werde auch die Verantwortung des Menschen, ihre Reichweite und Wirkung. Sie »universalisiert und intensiviert« sich, sie wird »solidarisch«. Zu keinem Augenblick der Geschichte sei der Mensch so vollständig wie heute durch den Grund seines Seins selbst an den Wert und die Vervollkommnung aller anderen um ihn herum gebunden gewesen. Eine Art verallgemeinerter Ultra-Verantwortung werde also schließlich das kennzeichnendste moralische Charakteristikum des Ultra-Humanen sein, auf das wir, ob wir wollen oder nicht, aus kosmischer Notwendigkeit zudriften.

Als Beispiel für die globale Ausdehnung unserer Macht und Verantwortung nennt Teilhard Radio und Fernsehen, für die Tiefe unserer Eingreifmöglichkeiten die atomare, chemische, biologische und psychische Besitzergreifung der Grundkräfte unserer organischen und geistigen Struktur, für das Volumen unserer Verantwortung die Tatsache, daß der Mensch »mit einer einzigen Geste — zum Heil oder zum Untergang — immer größere ›Pakete‹ anderer menschlicher Wesen mitreißen kann«, zum Beispiel durch die »Geste, eine Atombombe fallen zu lassen«[19].

Kein zweiter hat wie Günther Anders, der Freund von Hans Jonas, die neue Dimension der Verantwortung in seiner atheistischen »Theologie der atomaren Situation« erkannt und eindringlich beschrieben: Daß wir uns mit Hilfe der von uns selbst geschaffenen Geräte (und nicht etwa nur der atomaren) göttergleich, sogar *gottgleich*, gemacht hätten. Zwar ›gottgleich‹ nur im negativen Sinne, denn von einer ›creatio ex nihilo‹ könne natürlich keine Rede sein; wohl aber davon, daß wir nun einer totalen ›*reductio ad nihil*‹ fähig seien, daß wir als Zerstörende wirklich *omnipotent* geworden seien. Denn als ›Allmacht‹ dürften wir es ja wirklich bezeichnen, daß wir die gesamte Menschheit und Menschenwelt auslöschen können[20].

Ohne daß Hans Jonas selbst die Parallele zu Gottes Selbstbeschränkung seiner Allmacht zugunsten der Existenz der Schöpfung zieht, forderte er 1979 in seinem Hauptwerk »Das Prinzip Verantwortung. Versuch einer Ethik für die technologische Zivilisation« als den rettenden Schritt für die Menschheitsgeschichte, wir müßten wieder »Macht über die Macht« gewinnen, die Macht der Mächtigen einschränken, um überleben zu können. Jonas unterscheidet dabei drei Grade der Macht. Die Macht sei selbstmächtig geworden, ihre Verheißung in Drohung umgeschlagen, ihre Heilsperspektive in Apokalyptik. Was nun nötig geworden sei, wenn der Halt nicht erst von der Katastrophe selbst geboten werde, sei Macht über die Macht. Nachdem die Macht ersten Grades, die sich auf eine unerschöpflich scheinende Natur gerichtet hätte, in eine Macht zweiten Grades übergegangen sei, die jene der Kontrolle des Menschen entwand, sei die Selbstbeschränkung der den Menschen mit sich schleifenden Herrschaft Sache einer Macht dritten Grades geworden[21].

Das ist in der Tat die zentrale Aufgabe der gegenwärtigen und zukünftigen Menschheit: So wie die Gottheit ihre Macht einschränkte und der Schöpfung Eigenmacht und

Eigenrecht gewährte, ist es höchste Zeit für die Menschheit, nun ihrerseits ihre Macht zu kontrollieren, gefährliche Machtentwicklungen zu stoppen, bedrohliche Machtarsenale abzubauen, durch Machtmißbrauch in ihrer Existenz und Freiheit bedrohte Bereiche der Schöpfung zu schützen – angefangen von der nichtmenschlichen Natur über bedrohte Völker und Rassen bis zu den »unerwünschten« oder nicht »lebenswerten« Individuen unserer »fortschrittlichen« Konsumgesellschaft.

In seiner Dankesrede anläßlich der Verleihung des Friedenspreises des Deutschen Buchhandels am 11. Oktober 1987 sprach Jonas von der »ersten Pflicht aller Freiheit«, ja von der »Bedingung ihres Bestandes«: »daß sie sich Grenzen setzt«, so wie die Gottheit – möchten wir in Parallele setzen – ihre Freiheit begrenzte, als sie die Schöpfung ins Dasein rief und zur ihr gemäßen Freiheit im Menschen bestimmte. »Je freier die Gesellschaft selber ist, je weniger also die natürliche Gattungsfreiheit durch die Herrschaft von Mensch über Menschen beeinträchtigt wird, desto evidenter und unerläßlicher wird im zwischenmenschlichen Verhältnis die Pflicht freiwilliger Begrenzung.« Vergleichbares gelte jetzt auch im Verhältnis der Menschheit zur Natur. Wir müssen unserer Nutzung, damit sie nicht zur Ausbeutung wird, zügeln, müssen der Natur die ihr gemäße »Freiheit« der Entfaltung gewähren kraft der Macht und Freiheit, die wir durch die Nutzung der Natur gewonnen haben. »Jetzt und hier, so sagt uns die Pflicht, sollen wir unsere Macht zügeln, also unseren Genuß kürzen, um einer künftigen Menschheit willen, die unsere Augen nicht mehr sehen werden.«[22]

Machtverzicht ist auch Konsumverzicht. In »Das Prinzip Verantwortung« sind die entsprechende Stichwörter von Hans Jonas »asketische Moral«, »Enthusiasmus für die Bescheidung«, »Bereitschaft zu verzichten«. Dreizehn Jahre später, 1992, wenige Monate vor seinem Tode, kam er in einem Interview darauf zurück. Hans Jonas ist skeptisch: Vielleicht sei der Mensch ohne ernsthafte Warnschüsse und schmerzhafte Reaktionen der gepeinigten Natur nicht zur Vernunft zu bringen. Vielleicht müsse es schon ziemlich schlimm kommen, damit man aus dem Rausch wachsender Bedürfnisse und ihrer unbegrenzten Befriedigung wieder zurückkehre zu einem Niveau, das mit dem Fortbestand der Umwelt verträglich sei. Auf die Frage, ob nicht der menschliche Geist, der die Technik und die anderen Kulturleistungen geschaffen habe, auch zum freiwilligen Verzicht fähig wäre, antwortet Jonas: »Es gibt dafür Beispiele in der Geschichte. In Verbindung mit einem transzendenten Glauben, der ja auch eine Tat des Geistes ist, ist es geschehen, daß Menschen sich das Äußerste zugemutet haben an Verzichten.«[23]

Die Theologie des ohnmächtigen und leidenden Gottes, der sich in die Schöpfung gänzlich hineingegeben hat, könnte ein solcher transzendenter Glaube sein. Er dürfe jedoch nicht im Sinne des Deutschen Idealismus falsch verstanden werden, der durch das Gerede vom »majestätischen Gang der Vernunft durch die Welt« die menschliche Freiheit und Verantwortung aushöhlte. Jonas ironisierte diesen Glauben an die göttliche Vernunft, dem man sich getrost überlassen könnte, fast schon verzweifelt: »In uns – Bitte! – sei der Weltgeist unbeirrbar dabei, oder gar schon angelangt, zur endgültigen Form seiner Wahrheit zu kommen, seine Urbestimmung mit weiser Notwendigkeit zu vollenden? Wir sind, willig oder unwillig, wissend oder unwissend, doch immer unfehlbar, seine erwählten Vollstrecker? Da muß ich doch bitten! Die Schmach von Auschwitz ist keiner allmäch-

tigen Vorsehung und keiner dialektisch-weisen Notwendigkeit anzulasten, etwa als antithetisch-synthetisch erforderter
und förderlicher Schritt zum Heil. *Wir* Menschen haben das
der Gottheit angetan als versagende Walter ihrer Sache, auf
uns bleibt es sitzen, wir müssen die Schmach wieder von
unserem entstellten Gesicht, ja vom Antlitz Gottes, hinweg-
waschen.«[24]

Es gibt also keine Heilsgewißheit für den Ausgang der Evolution, der Mensch kann versagen und seiner Aufgabe nicht
gerecht werden. »Da muß der Gottheit wohl um ihre Sache
bange werden. Es ist kein Zweifel, wir haben es in unserer
Hand, die Schöpfungsabsicht zu vereiteln, gerade in ihrem
anscheinenden Triumph mit uns, und sind vielleicht kräftig
daran.«[25]

Auch für Teilhard de Chardin gibt es auf der Ebene der
Erscheinungswelt keine Garantie für das Gelingen der Evolution, soweit sie diese Erde betrifft. »Was die Erfolgsaussich-
ten der Kosmogenese betrifft, so folgt, wie ich behaupten
möchte, aus dem hier eingenommenen Standpunkt keineswegs, daß der endgültige Erfolg der Menschwerdung notwendig, schicksalhaft, gesichert sei.« Dennoch — und hier
unterscheidet sich Teilhards persönlicher Glaube von Jonas'
Mythos: »Einen gläubigen Christen wird es interessieren,
daß der Enderfolg der Menschwerdung … tatsächlich durch
die ›Wiederbelebungskraft‹ des in seiner Schöpfung Fleisch
gewordenen Gottes verbürgt ist. Doch damit haben wir
schon die Ebene der Erscheinungswelt verlassen«[26] und rühren an das von Jonas nur scheu angedeutete, von Teilhard
jedoch ins Zentrum seiner Evolutionstheologie gestellte
Mysterium der göttlichen Liebe als der Urkraft des Kosmos
und der Kosmogenese.

Die liebende Gottheit:
Evolution als gottmenschliche Hingabe

Ist das letzte Wort zum Verständnis der Evolution und der Katastrophen in ihr gesprochen, wenn wir erkannt haben: Die Evolution ist eine Gabe der werdenden Gottheit und eine Aufgabe für den Menschen, zu der ihn die Gottheit ermächtigt hat, weil sie für sich selbst die Ohnmacht gewählt hat. Und jetzt müsse der Mensch ähnlich wie Gott seine Macht in Schranken halten, damit sie nicht als angemaßte »Allmacht« die Schöpfung und die in ihr werdende Gottheit vereitele?

Welches ist der letzte Beweggrund dafür, daß jemand etwas von sich Verschiedenes schafft, dieses zu seiner eigenen Existenzform wählt, sich darin gänzlich von dem anderen abhängig macht und mit diesem auf Gedeih und Verderb verbunden ist? Ist es Abenteuerlust, Neugier auf die Erfahrung des Andersseins, ein masochistischer Trieb zur Selbsterniedrigung und Selbstvernichtung? Welches ist das letzte Motiv für Gottes Selbstentäußerung in die Schöpfung hinein bis zur gänzlichen Entmachtung gegenüber dem »physischen Verlauf der Weltdinge«[27], der so viel leibliches und seelisches Leid verursacht hat von Kains Mord an seinem Bruder Abel bis zu Auschwitz?

»Aus unerkennbarer Wahl«[28], antwortet Jonas darauf zu Beginn seines Mythos, habe sich der göttliche Weltgrund entschieden. An anderer Stelle erwähnt Jonas flüchtig als mögliche Beweggründe Weisheit und – Liebe, jedoch ohne näher darauf einzugehen: »Der sorgende Gott sei kein Zauberer. Irgendwie hat er, durch einen Akt unerforschlicher Weisheit oder der Liebe oder was immer das göttliche Motiv gewesen sein mag, darauf verzichtet, die Befriedigung seiner selbst durch seine eigene Macht zu garantieren.«[29]

Ist es das Grauen von Auschwitz, das Hans Jonas in »Der Gottesbegriff nach Auschwitz« daran hinderte, Liebe als letzten Beweggrund für das Evolutionsgeschehen näher ins Auge zu fassen? Doch hatte er dort nicht erklärt, Gottes »Güte, d.h. das Wollen des Guten« sei »untrennbar von unserem Gottesbegriff und kann keiner Einschränkung unterliegen«? Diese Überzeugung hatte doch zum Abschied vom Allmächtigen geführt, denn sollte Gott verstehbar sein, und auch daran wollte Jonas festhalten, dann konnte sein Gutsein mit der Existenz des Übels nur vereinbar sein, wenn er nicht allmächtig ist[30]. Ist der Weg von Gottes »Allgüte« zur All-Liebe so weit? Sollte auch kein Weg von »den vertrautesten Grundsätzen jüdischen Glaubens«, »daß Gott um und für seine Geschöpfe Sorge trägt«, hinüberführen zur Liebe »eines *sich sorgenden* Gottes«, der für Jonas »nicht fern und abgelöst und in-sich-beschlossen, sondern verwickelt ist in das, worum er sich sorgt«[31]?

Oder sieht sich Jonas eher in der herben jüdischen Tradition des »Die Tora mehr lieben als Gott«, wie der Philosoph Emmanuel Levinas es in einem Kommentar zu einem Bericht aus dem Warschauer Getto formulierte? Levinas, 1905 in Litauen geboren, wie Günther Anders und Hans Jonas Husserl-Schüler, seit 1923 in Frankreich, wo er nach dem Zweiten Weltkrieg das Werk Husserls und Heideggers bekannt machte, setzte sich ausdrücklich von der Liebe Gottes, wie sie das Christentum bekennt, ab: »Gott, sein Antlitz verhüllend und als anwesend und intim erkannt – ist dies möglich?« Levinas meint, hierin manifestiere sich die besondere Physiognomie des Judentums: Das Verhältnis zwischen Gott und dem Menschen sei keine sentimentale Gemeinschaft in der Liebe eines menschgewordenen Gottes, sondern eine geistige Beziehung durch die Vermittlung einer Lehre, der Tora. Gott werde nicht durch die Menschwerdung erfahren, sondern durch das Gesetz. Gereift durch einen aus der Tora hervorgegangenen Glauben, werfe der Jude Gott seine maßlose Größe und seine übersteigerten Ansprüche vor und werde Gott doch lieben, was dieser auch versucht haben mag, um die Liebe des Menschen zu entmutigen. Hier seien wir von der warmen und quasi sinnlichen communio mit dem Göttlichen ebenso weit entfernt wie von dem verzweifelten Stolz des atheistischen Menschen. »Die Tora noch mehr zu lieben als Gott, genau dies bedeutet, Zugang zu einem persönlichen Gott zu haben, gegen den man sich auflehnen kann, d.h. für den man sterben kann.«[32]

Doch es gibt einen Text von Hans Jonas, der nicht in der Tradition steht, die von Levinas beschworen wurde, sondern in der des »quasi sinnlichen« biblischen »Hohenlieds der Liebe«. Die rabbinische Auslegung des Hohenliedes, so die judaistische Forschung, sieht im Geliebten Gott, in der Braut Israel[33]. Genau so beschreibt Jonas im letzten Absatz seines Mythos (siehe S. 81) die Art und Weise, wie die Gottheit den Menschen begleitet – wie ein Geliebter seine Geliebte: »Mit dem Erscheinen des Menschen erwachte die Transzendenz zu sich selbst und begleitet hinfort sein Tun mit angehaltenem Atem, hoffend und werbend, mit Freude und mit Trauer, mit Befriedigung und Enttäuschung – und, wie ich glauben möchte, sich ihm fühlbar machend, ohne doch in die Dynamik des weltlichen Schauplatzes einzugreifen.«

Das erinnert nicht nur an das Hohelied, sondern an die Tradition der biblischen Propheten, in der auch das Hohelied steht: »Wie eine Blume auf der Wiese ließ ich dich wachsen«, läßt Gott den Propheten Ezechiel zu Israel sprechen, »und du bist herangewachsen, bist groß geworden und herrlich aufgeblüht. Deine Brüste wurden fest; dein Haar wurde dicht. Doch du warst nackt und bloß. Da kam ich an dir vorüber und sah dich, und siehe, deine Zeit war gekommen, die Zeit der Liebe. Ich breitete meinen Mantel über dich und bedeckte deine Nacktheit. Ich leistete dir den Eid und ging mit dir einen Bund ein – Spruch Gottes, des Herrn –, und du wurdest mein … Ich kleidete dich in bunte Gewänder … So wurdest du strahlend und schön und wurdest sogar Königin. Der Ruf deiner Schönheit drang zu allen Völkern; denn mein Schmuck, den ich dir anlegte, hatte deine Schönheit vollkommen gemacht … Doch dann hast du dich auf deine Schönheit verlassen, du hast deinen Ruhm mißbraucht und dich zur Dirne gemacht … An jeder Straßenecke hast du deine Kulthöhen errichtet … Wenn ich meinen Zorn an dir gestillt habe, wird meine Eifersucht aufhören, gegen dich zu wüten. Ich werde Ruhe haben und mich nicht mehr ärgern.« (Ezechiel 16,7–42)

Was Hans Jonas über seinen eigenen Mythos anläßlich seiner ersten Veröffentlichung gesagt hat, trifft auch für diese biblischen Texte zu, die in irdischen Bildern das Verhältnis zwischen Gottheit und Menschheit – nur andeuten, weil es an Innigkeit und Intensität alles Vorstellbare übertrifft. »Solcherart ist der hypothetische Mythos, von dem ich glauben möchte, er sei ›wahr‹ – in dem Sinne, in dem durch gutes Glück ein Mythos eine Wahrheit schattenhaft andeuten mag, die notwendig unerkennbar und sogar, in direkten Begriffen, unsagbar ist, dennoch aber durch Selbstbekundungen in unserer tiefsten Erfahrung unsere Fähigkeit in Anspruch nimmt, indirekt Rechenschaft von ihr zu geben in widerruflichen, anthropomorphen Bildern.«[35]

Welche Bedeutung für Jonas diese »tiefsten Erfahrungen« haben und welcher Art sie sind, wird in dem Briefwechsel mit Rudolf Bultmann anläßlich des Aufsatzes über die Unsterblichkeit (siehe S. 54) deutlich. Bultmann hatte gemeint, die Position von Hans Jonas noch einmal dahingehend zusammenfassen zu sollen: »Liegt die Lösung darin, daß wir im Zeitlichen dem Ewigen begegnen, – wenn nicht in mystischen Erfahrungen, so doch in den Begegnungen von Liebe und Schönheit? Nein! Wohl aber in Augenblicken, in denen wir Handelnde sind, nämlich in unseren Entscheidungen.« Und: »In die Relation zur Ewigkeit kommt nicht unser Fühlen, sondern kommen nur unsere Taten. Gerade die Selbstverleugnung im entscheidenden Tun ist der Bezug zur Ewigkeit.« Bultmann will Jonas also auf eine jüdische Religiosität festlegen, die an Levinas erinnert: Keine Erfahrung, kein Fühlen des Göttlichen in Liebe und Schönheit, sondern einzig in der selbstverleugnenden Entscheidung für die Tora, die Gebote Gottes.

Die Antwort von Hans Jonas fällt jedoch anders aus als erwartet: Gegen Bultmanns »… in den Begegnungen von Liebe und Schönheit? Nein!« bekräftigt Jonas: Das ›Nein‹ sei nicht seines. Er wolle nur sagen, daß er das ›Aufblitzen‹ der Ewigkeit, das uns in der Begegnung der Liebe oder der Schönheit zuteil werden könne, nicht für sein Argument in Anspruch nehmen wolle, da eine solche Erfahrung nicht in unserer Macht stehe und es sich verbiete, sich im Diskurs auf etwas zu berufen, was Gnade oder Vorzug, jedenfalls ›Widerfahrnis‹ sei und dem Unterredner versagt geblieben sein möge; während das Tun bei uns stehe und sein rechter Geist, d.h. der Ernst der Entscheidung, jedem zugemutet werden könne. Dazu komme die problematische Natur alles bloßen Fühlens, nämlich daß es immer ein Spiel der Natur und eine

Täuschung der Seele sein könnte. »Aber persönlich, und von der Frage der induktiven Benutzung abgesehen, würde ich die Gültigkeit seiner erlesenen Momente nicht bestreiten.« In der Tat müsse man noch einen vierten Erfahrungsmodus der Ewigkeit (neben Liebe, Schönheit und sittlicher Entscheidung) in Betracht ziehen, der historisch sogar der erste im philosophischen Räsonnement über das Ewige sei: das Erkennen im Sinne der *theoria* nach Platon, Phädon 79 d. Danach lasse sich Ewigkeit primär und vorzüglich im Erfassen der ewigen, unwandelbaren Wesenheiten oder Wahrheiten im Intellekt erfahren, ja »Ewig« und »Intelligibel« seien ein und dasselbe[36].

Wenn wir Jonas' vier Erfahrungsweisen der Ewigkeit, sprich der Gottheit – Liebe, Schönheit, sittliche Entscheidung und Wahrheitserkenntnis – nicht nach ihrer Rangfolge im philosophischen oder theologischen Räsonnement ordnen, sondern nach ihrer existentiellen, grundlegenden und motivierenden Bedeutung für den einzelnen, für die Menschheit, ja für den Kosmos und für das Verhältnis Gottes zur Schöpfung insgesamt, dann läßt sich nicht bestreiten: Es ist die Liebe, die allem zugrunde liegt und alles motiviert und promoviert, den Prozeß der Evolution in Bewegung setzt und in Bewegung hält. In der Liebe »erkennt« ein Ich sein Du: »Ich traue dich mir an um den Brautpreis meiner Treue: Dann wirst du den Herrn erkennen.« (Hosea 2,22) So ist es nach Pinchas Lapide jüdische Tradition: Ein und dieselbe Vokabel beschreibe in der Bibel die Erkenntnis Gottes und das liebevolle Erkennen einer Frau auf dem Weg allen Fleisches. »Denn ›kennen‹ ist im Hebräischen kein abstrakter Vernunftprozeß, sondern ein Brückenschlag zwischen Herz und Kopf, zwischen Gefühl und Verstand, wobei das *Greifen* der Nähe zum *Begreifen* wird, um dann zum gemeinsamen Ergriffensein zu führen.

So ist im ›Lieben‹ und ›Kennen‹ letztlich dieselbe Urwahrheit, die auf das Einswerden hinzielt, um die Vereinigung zweier Liebenden zur Quelle der tiefsten Erkenntnis zu machen.«[37] Hat die Liebe (die erste Erfahrungsweise des Göttlichen) ihr Du »erkannt« (die zweite Ewigkeitserfahrung), dann vertrauen sich die Liebenden einander an (die entscheidende sittliche Handlung als dritter Erfahrungsmodus).

Bleibt noch die Schönheit, die »Heiterkeit« des Göttlichen »als Befriedigung über das Gelingen des Inkarnationswagnisses, d.h. als Einstimmigkeit mit dem ›Guten‹, das darin zutage tritt«, wie Jonas an Bultmann schreibt. »Und nachdem die ›Unschuld des Werdens‹ im Menschen überschritten wurde, bedeutet das Gute eben sittlich Gutes, und die Freude der Gottheit darüber ist Billigung und zugleich Erleichterung, denn die Gefahr des Mißlingens und Verrates war groß.« Doch es wäre für Jonas eine Einengung des Schönen, würde man es einzig als Glanz des Gelingens der »Hochzeit zwischen Gottheit und Menschheit« gelten lassen. Es ist von Anbeginn der Schöpfung erfahrbar: In einem genügend weiten Sinn des Wortes seien »Form, Mannigfaltigkeit, Individualität, Intensität, Erleben, selbst Wechsel von Leben und Tod ästhetische Begriffe«, und sie seien nicht gleichgültig für Gott. Jonas beruft sich darauf, daß im Buch Genesis Gott schon bei der unorganischen und dann wiederholt bei der organischen Schöpfung *vor* der des Menschen dies Geschaffene für ›gut‹ erklärt. Da es sich hier noch nicht um das sittliche Gute des Menschen handele, könne das nur heißen, »daß das *Sein als solches*, und damit eben auch Mannigfaltigkeit, Form und Fülle des Seins, *gut* sind und dies Gutsein ein *Interesse* der Gottheit«. Nehmen wir »Inter-esse« hier wörtlich als Dabei- und Darin-Sein, dann ist die Schöpfung »gut und schön« durch die Gegenwart der Gottheit in ihr, deshalb ist »ästhetische Erfahrung« Erfahrung Gottes. Wenn auch »die Heiterkeit, wenn sie erschimmern darf«, im Bereich des Menschlichen »zittert über einem Abgrund von Sorge und dunkler Enttäuschung« – Auschwitz –, so ist doch »im Menschen das Ästhetische der früheren Stunden« der Schöpfung »nicht widerrufen«. Vielmehr sei es gerade ein Teil seiner ethischen Verpflichtung der Gottheit gegenüber, die sich ins Sein entäußert hat, die Fülle dieses Seins in sich aufzunehmen, wach und offen für sie zu sein, sie widerzuspiegeln, sie zu erkennen und erkennend zu lieben. Denn in all diesem erfährt der weltgewordene Gott sich in Bejahung und wird sein Einsatz eingelöst. »Wir, die wir sein wollen und damit das Opfer der Inkarnation annehmen, müssen die Inkarnation rechtfertigen. Wir können vor einem Sonnenuntergang versagen – oder vor ihm bestehen. Spiegelung und Beantwortung des Seins in der Kunst, Erkenntnis des Seins in der Wissenschaft sind also sittliche Pflicht des Menschen. Mit seiner Selbsterfüllung hierbei erfüllt er ein Bedürfnis des ganzen Seins. Das objektive Wissen kann noch ästhetisch genannt werden; doch seine Erwerbung ist ethisch.«[38]

Niemand unter den christlichen Denkern der Gegenwart hat so intensiv wie Pierre Teilhard de Chardin die »Liebe als Urkraft des Kosmos«[39] und der Evolution in immer neuen Anläufen dargestellt. Für ihn ist die Liebe der Motor der Evolution: Liebe hat Gott dazu getrieben, sich in die Schöpfung hinein zu entäußern, in christlicher Terminologie: im kosmischen Christus Welt zu werden und im historischen Christus Mensch. Liebe treibt den in der Welt anwesenden Gott dazu, in allen Dingen das Zentrum der Konzentrationsbewegung zu bilden, in der sich der Kosmos befindet, in Teilhardscher Terminologie: Der kosmische Christus ist der »Punkt Omega«, ein »Über-Christus« für eine »Über-

Menschheit« in einem »Über-Kosmos« (wie immer man das
»Super« und »Ultra« Teilhards übersetzen will, das freilich
nicht viel mit Nietzsches »Übermenschen« zu tun hat), alles
in einer »Super-Liebe« mit allem vereint und – getrennt,
denn Liebe differenziert! Wie bei Jonas ist Liebe die grundlegende Erfahrung des Göttlichen, denn aus ihr strömen alle
göttlichen Energien und fluten in sie zurück, und der
Mensch kann an ihnen partizipieren, wenn er sich nicht
verschließt, was Teilhard sowohl für das Individuum, die
Menschheit wie für den Kosmos, soweit wir ihn beeinflussen
können, nicht für unmöglich hält. Gänzlich vereiteln könne
der Mensch jedoch Gottes Liebesabenteuer nicht.

Ein wichtiger Text Teilhards über die zentrale Rolle der
Liebe stammt aus Peking von August 1943: Trinken, Essen,
Arbeiten, Forschen, Wahrheit schaffen oder Schönheit oder
Glück konnten bisher als heterogenes, disparates und nicht
aufeinander zurückführbares Tun erscheinen. Auch Lieben
schien nur ein Zweig unter anderen in diesem divergieren-
den psychischen Aufsprudeln. Nunmehr, gleich den Farbtö-
nen, die in der Natur ein einziges weißes Licht ergeben,
verschmelzen die unendlichen Modalitäten des Tuns unter
dem mächtigen Einfluß des Christus-Universalis in einem
einzigen Farbton. »Und in dieser Bewegung übernimmt die
Liebe die Führung: die Liebe, nicht nur ein gemeinsamer
Faktor, kraft dessen die Vielheit des menschlichen Tuns dahin gelangt, sich zu verknüpfen, sondern die Liebe als *höhere,
universelle und synthetische Form der geistigen Energie*, in der alle
anderen Energien der Seele sich transformieren und subli-
mieren, sofern sie nur in das ›Feld Omegas‹ geraten.«[40]

Ist Liebe der erste und letzte Beweggrund für Gottes Selbstbeschränkung – Liebe zur Schöpfung und zur Freiheit des
Menschen, damit er Gottes Liebe frei erwidern könne –, und

ist die göttliche Ohnmacht an physischer Gewalt in dieser Welt Ausdruck dieser Liebe, dann gilt aber auch: Was Liebe an äußerer Macht und Gewaltausübung aufgeben muß, wird sie, will sie Liebe sein und bleiben, an innerem Einfluß zu gewinnen suchen. So auch bei Gott. Erste Voraussetzung dafür ist die Gegenwart des Geliebten, die Anwesenheit Gottes in der Schöpfung. Zweite Voraussetzung ist seine Erfahrbarkeit in den Grundvollzügen des Menschseins: in Geburt und Tod, in Liebe und Liebesentzug, in der Suche nach Erkenntnis und in der Schau der Wahrheit, in der Betroffenheit durch das Schöne und in der Geborgenheit des inneren Friedens, aber auch in der Wüste der Gottverlassenheit und der Verzweiflung. Dritte Voraussetzung ist die Offenheit des Menschen, sich davon anrühren zu lassen, seine Sensibilität für das Göttliche in allen Dingen, wie es Hans Jonas andeutet: »Man muß es sehen und man muß es hören. Was wir sehen, umschließt das Zeugnis des Lebens und des Geistes – Zeugen wider die Lehre von einer wert- und zielfremden Natur. Was wir hören, ist der Anruf des gesehenen Guten, sein innewohnender Anspruch auf Existenz. Unser Sehen- und Hören-*können* macht uns zu Angerufenen seines Gebotes der Anerkennung und so zu Subjekten einer *Pflicht* ihm gegenüber ... Es sagt uns, daß wir jetzt die von uns gefährdete göttliche Sache in der Welt vor uns schützen, der für sich ohnmächtigen Gottheit gegen uns selbst zu Hilfe kommen müssen. Es ist die Pflicht der wissenden Macht – eine kosmische Pflicht, denn es ist ein kosmisches Experiment, das wir mit uns scheitern lassen, in uns zuschanden machen können.«[41]
Daß es sich bei diesem »kosmischen Experiment« um ein Abenteuer der Liebe handelt, um die Liebesgeschichte des ohnmächtigen Gottes mit der von ihm ermächtigten Schöpfung, um eine Geschichte, die beide verändert und deren

Ausgang menschlich betrachtet zwar offen, göttlich betrachtet von der Allmacht der Liebe entschieden wird und längst entschieden ist – letzteres hat Hans Jonas nur andeutungsweise gesehen und gehört. Deshalb könnte sein Appell an die bloße »Pflicht«, die wir dem werdenden Gott gegenüber haben, verhallen und das kosmische Experiment scheitern, wie es teilweise schon gescheitert ist in Auschwitz. Wäre statt des Experiments der Pflicht ein Experiment der Liebe sowohl für Gott wie für den Menschen nicht faszinierender? Wie sagte der Jude Paulus: »Ich zeige euch jetzt noch einen anderen Weg, einen, der alles übersteigt: Wenn ich in den Sprachen der Menschen und Engel redete, hätte aber die Liebe nicht, wäre ich dröhnendes Erz oder eine lärmende Pauke. Und wenn ich prophetisch reden könnte und alle Geheimnisse wüßte und alle Erkenntnisse hätte; wenn ich alle Glaubenskraft besäße und Berge damit versetzen könnte, hätte aber die Liebe nicht, wäre ich nichts ... Für jetzt bleiben Glaube, Hoffnung, Liebe diese drei; doch am größten unter ihnen ist die Liebe.« (1 Korintherbrief 12,31b– 13,13).

V
»Religion« nach Auschwitz:
Abschied von den Religionen

»Ihr wißt, daß die Herrscher ihre Völker unterdrücken und die Mächtigen ihre Macht über die Menschen mißbrauchen. Bei euch soll es nicht so sein, sondern wer bei euch groß sein will, der soll euer Diener sein, und wer bei euch der Erste sein will, soll euer Sklave sein. Denn auch der Menschensohn ist nicht gekommen, um sich dienen zu lassen, sondern um zu dienen und sein Leben hinzugeben als Lösegeld für viele.«

Matthäusevangelium 20,25-28

Wenn man trotz Auschwitz an einem Gottesbild festhalten will, bleibt einem nur die Wahl zwischen der Güte Gottes und seiner Allmacht. Wir haben gezeigt: Es gibt gute Gründe auch für Christen, einer jüdischen Tradition, an die vor allem Hans Jonas erinnert hat, und einer verschütteten christlichen Tradition zu folgen und der Allmacht Gottes den Abschied zu geben. Das Gottesbild nach Auschwitz zeigt einen Gott, der zunächst, um die Existenz der Schöpfung zu ermöglichen, seinen eigenen Machtbereich einschränkt; der dann, um die Evolution der Schöpfung zu immer mehr Selbstbestimmung und Freiheit möglich zu machen, auf Eingriffe durch physische Macht in den Weltenlauf und die Menschheitsgeschichte verzichtet, was Auschwitz möglich gemacht hat; der jedoch, um das Schicksal der Schöpfung zu teilen, in ihr so intensiv wie möglich gegenwärtig ist und durch die »Macht« der Wahrheit und des Guten, des Schönen und der Liebe ihre Gegenliebe zu gewinnen sucht, damit das Experiment der gottmenschlichen Einigung gelinge.

Gott habe zwar, wie Hans Jonas ausdrücklich aus Anlaß seiner Ehrenpromotion durch die Freie Universität Berlin 1992 unterschied, auf die Macht über die Geister verzichtet, nicht aber »auf einen *Ruf* an die Geister«. Gott mache sich den Seelen *fühlbar* mit dem stummen Anruf seines unerfüllten Wollens oder Sehnens, einem Appell an die Freiheit. Es sei mit der Idee des Machtverzichts des Gottes sehr wohl vereinbar, »daß wache Geister seinen Ruf vernehmen. Sie werden damit aber nicht gezwungen.«[1]

»Religiosität« nach Auschwitz bestünde nun darin, gemäß diesem Gottesbild zu denken, zu fühlen, zu entscheiden und zu handeln. »Religion« nach Auschwitz hätte die Aufgabe, dieses Gottesbild den Menschen vorzustellen, plausibel zu machen, es in Beziehung zu setzen zu den bisherigen Gottesbildern und Religionsformen und so mitzuhelfen, daß Auschwitz immer weniger geschieht und statt dessen in der Schöpfung immer mehr das Antlitz der Gottheit aufscheint. Da Religiosität mehr ist als »Gnosis«, als Erkenntnis und ihre Bejahung, sondern auch konkretes Handeln, kann der Weg, die »Methode«, auf die der Mensch nach Auschwitz gewiesen ist, um diese Welt ihrem Ziel näher zu bringen, nur die Nachfolge des ohnmächtigen Gottes sein: das Liebesabenteuer als Kreuzweg, die Absage an physische Gewalt als kreatives Prinzip, die Option für die Faszination von Liebe und Schönheit. Das hat Konsequenzen für die konkret existierenden Religionen, vor allem für das Judentum und Christentum, die sich auf die biblische Offenbarung berufen.

Abschied von den »allmächtigen« Religionen

Der protestantische Theologe Dietrich Bonhoeffer (siehe S. 40) war einer der ersten, der in christlicher Terminologie die praktischen Konsequenzen aus einer Theologie des ohnmächtigen Gottes zog. »Ein allgemeiner Gottesglaube an Gottes Allmacht«, heißt es in dem »Entwurf einer Arbeit« aus dem Gestapo-Gefängnis in Berlin vom August 1944, sei »keine echte Gotteserfahrung, sondern ein Stück prolongierter

Welt«, auf Gott projizierte menschliche Allmachtsphantasien. Die Begegnung mit Jesus Christus, der »nur ›für andere da ist‹«, sei wirkliche »Transzendenzerfahrung«, die Erfahrung des ohnmächtigen Gottes. »Aus der Freiheit von sich selbst, aus dem ›Für-andere-da- sein‹ bis zum Tod« entsprängen erst die neue Art von »Allmacht, Allwissenheit, Allgegenwart«, wie sie in Jesu »Menschwerdung, Kreuz, Auferstehung« angedeutet seien. Der »jeweils gegebene erreichbare Nächste« sei »das Transzendente. Gott in Menschengestalt! nicht wie bei orientalischen Religionen in Tiergestalten als das Ungeheure, Chaotische, Ferne, Schauerliche; aber auch nicht in den Begriffsgestalten des Absoluten, Metaphysischen, Unendlichen etc.; aber auch nicht die griechische Gott-Menschengestalt des ›Menschen an sich‹, sondern ›der Mensch für andere‹! darum der Gekreuzigte.« Dementsprechend sei christliche Kirche »nur Kirche, wenn sie für andere da ist«.

Bonhoeffer bringt Beispiele, was das konkret bedeuten könnte: Kirchliches Eigentum den Notleidenden schenken; Pfarrer leben von den Gaben der Gemeinden, üben weltliche Berufe aus; die Kirchen engagieren sich für die weltlichen Aufgaben der Gesellschaft, »nicht herrschend, sondern helfend und dienend«; sie sagen den Menschen aller Berufe, was »für andere dazusein« in ihrem Fall bedeutet; innerkirchlich wird »den Lastern der Hybris, der Anbetung der Kraft, des Neides und des Illusionismus als den Wurzeln alles Übels« entgegengetreten; statt dessen wird von »Maß, Echtheit, Vertrauen, Treue, Stetigkeit, Geduld, Zucht, Demut, Genügsamkeit, Bescheidenheit« gesprochen; die Kirche wird »nicht durch Begriffe, sondern durch ›Vorbild‹ ihrem Wort »Nachdruck und Kraft« geben; sie wird ihre »Bekenntnisfrage«, »Kontroverstheologie« und ihr Amtsverständnis – »Vorbereitung auf das Amt und Amtsführung« – revidieren im Licht einer Theologie des ohnmächtigen Gottes. »Das alles ist sehr roh und summarisch gesagt. Aber es liegt mir daran, einmal den Versuch zu machen, einfach und klar gewisse Dinge auszusprechen, um die wir uns sonst gern herumdrücken« – bis heute. Bonhoeffer hofft, »für die Zukunft der Kirche einen Dienst tun zu können«, nicht mit der Autorität des (all)wissenden Theologieprofessors noch mit der Unfehlbarkeit einer lehramtlichen (All)Machtsbefugnis, sondern durch »die Hilfe des Gesprächs«[2].

Für die römisch-katholische Kirche bedeutet der Abschied vom allmächtigen Gott den endgültigen Abschied von ihrer hierarchischen Struktur. Wenn Gott seine Macht einschränkt, um der Schöpfung Raum zu geben, wenn Christus sein Gottsein nicht wie einen Raub betrachtete, sondern sich dessen samt seiner Macht entäußerte und Mensch wurde bis zum Tod am Kreuz (Philipperbrief 2,6-8), wenn sowohl Schöpfung wie Erlösung nur möglich sind durch Machtteilung, – dann ist die gottgewollte »Herrschaftsform« unter den Menschen die »Nicht-Herrschaft«, zumindest die je nach Art der Gemeinschaft – von der Familie bis zum Staatenbund – mehr oder weniger anders ausgeprägte »Gewaltenteilung« und »demokratische« Selbstverwaltung und Selbstbestimmung. Erst recht müßten die Religionen des ohnmächtigen Gottes in der Ausgestaltung der ihnen gemäßen demokratischen Ordnung mit gutem Beispiel vorangehen. Statt dessen ist die römisch-katholische Kirche bis heute entsprechend dem traditionellen Gottesbild eine »pyramidale Hierarchie«: Der allmächtige Gott, der zum Allherrscher eingesetzte Christus, der römische Papst als Stellvertreter Gottes und Christi auf Erden mit der für alle Menschen verbindlichen Leitungs- und unfehlbaren Lehr»gewalt«, dann die daran partizipierenden Bischöfe, dann die von den Bischöfen abhängigen Priester und Diakone, dann die Ordensleute und schließlich die »Laien«, das »Volk«, erst die Männer, zuletzt die Frauen und Kinder: die »Laien« nicht mehr Subjekte, sondern »Objekte hierarchischer Entscheidungen sowie männlicher Verkündigung und Seelsorge«[3] – alles in allem genau das Gegenteil dessen, was der sich selbst entmachtende und andere ermächtigende Gott mit seiner Schöpfung wollte: daß sie Subjekt werde, frei und sich selbst bestimmend.

Das Zweite Vatikanische Konzil versuchte zwar den Bruch mit der feudalistischen, »allmächtigen« Struktur der Kirche herbeizuführen, seine Impulse wurden jedoch bald gebremst oder sogar als irreleitend abgewehrt. Theologische Gründe gegen eine »demokratische Amtsführung der Kirche« sieht auch der niederländische katholische Theologe Edward Schillebeecks nicht, im Gegenteil klagt er an mit Berufung auf die »machtlose Herrschaft Gottes«: »Eine Kirche, die ihre eigene Wahrheit, nämlich die befreiende Freiheit Jesu Christi, durch die Form ihrer autoritär-hierarchischen Vermittlung verhüllt, (wird) für die Gläubigen zu einer nicht-attraktiven und abstrakten Institution.«[4] Denn die Kirche Jesu Christi ist »zur Nachfolge der nicht-autoritären, verletzbaren, sogar machtlosen Herrschaft Gottes«[5] verpflichtet.

Abschied vom »Krieg der Religionen«

Der größte Skandal der Menschheitsgeschichte – wenn wir von Auschwitz absehen – sind der Krieg der Religionen untereinander, vor allem der christlichen Konfessionen gegeneinander, und die unzähligen Kriege, in denen religiöse Gegensätze eine Rolle gespielt haben – bis heute. Oft ist es die Überzeugung einer Religion, sie als einzige sei der verlängerte Arm des allmächtigen Gottes, daß sie sich ermächtigt glaubt, an seiner Statt schon hier auf Erden Gericht halten zu dürfen mit Feuer und Schwert.

Hätte zum Beispiel Mohammed eine Theologie des ohnmächtigen Gottes entwickelt, dann hätte es die 631 während der Wallfahrt in Mekka verlesene sogenannte »Lossagung« nicht gegeben, mit der der Gesandte des Allmächtigen die mit den sogenannten »Polytheisten« geschlossenen Verträge aufkündigte: »Lossagung von seiten Gottes und seines Gesandten … Reiset im Lande vier Monate lang und wisset, daß ihr Gott nicht entmachten könnt, und daß Gott die Ketzer in Schande versetzt … Wenn ihr bereut, so ist es das Beste für euch, doch wenn ihr euch abkehrt, so wisset, daß ihr Gott nicht entmachten könnt. Verkündige den Ungläubigen eine schmerzhafte Strafe! … Und wenn die heiligen Monate verstrichen sind, so tötet die Polytheisten, wo ihr sie findet, packt sie und umzingelt sie und lauert ihnen in jedem Hinterhalt auf!« (Sure 9,1–5) Der Koran läßt keinen Zweifel an der Teilhabe des frommen Kriegers an der Allmacht Gottes: »Nicht ihr habt sie getötet, sondern Gott, und nicht du hast geschossen, als du schossest, sondern Gott hat geschossen.« (8,17)[6]

So ziehen die Religionen im Namen des Allmächtigen Gottes von den Kreuzzügen über den Dreißigjährigen Krieg bis zum »Gott mit uns« auf den Koppelschlössern der Weltkriege durch die Menschheitsgeschichte eine blutige Spur, die nach Auschwitz führt, wo arische »Gläubige« meinten, das fällige Strafgericht über das jüdische Volk vollziehen zu sollen im Namen der »allmächtigen Vorsehung«. Selten sind die Religionen den Mächtigen dabei in den Arm gefallen, öfter haben sie mit den herrschenden Mächten paktiert oder haben zum Mißbrauch angemaßter Macht geschwiegen, wie zum Beispiel Pius XII. zu dem Abtransport der Juden aus Rom

1943: »Der Papst hat sich«, heißt es in einem Telegramm des Botschafters beim Heiligen Stuhl, Ernst von Weizsäcker, an das Auswärtige Amt vom 17./28. Oktober 1943, »obwohl dem Vernehmen nach von verschiedenen Seiten bestürmt, zu keiner demonstrativen Äußerung gegen den Abtransport der Juden aus Rom hinreißen lassen. Obgleich er damit rechnen muß, daß ihm diese Haltung von seiten unserer Gegner nachgetragen und von den protestantischen Kreisen in den angelsächsischen Ländern zu propagandistischen Zwecken gegen den Katholizismus ausgewertet wird, hat er auch in dieser heiklen Frage alles getan, um das Verhältnis zu der deutschen Regierung und den in Rom befindlichen deutschen Stellen nicht zu belasten.«[7] Zweifellos ein entlarvendes Dokument der heimlichen Kriege zwischen den Religionen und Konfessionen, der Allianzen zu Lasten einer Religion und des Paktierens mit den Mächtigen, angeblich um die eigene Herde nicht in Gefahr zu bringen.

Abschied von »Wunderglauben« und »Bittgebet«

Obwohl auch vor Auschwitz Menschen einander Ungeheures antaten, ohne daß ein rettendes Wunder Gottes geschah – man konnte immer noch im Einklang mit der jüdisch-christlichen Tradition sagen: Gott hält seine Allmacht nur für eine kleine Weile zurück; er gibt den Menschen die Chance, ihre Angelegenheiten selbst zu regeln; er muß und will nicht immer den ›Feuerwehrmann‹ spielen, obwohl er könnte. Doch seit Auschwitz möchte man mit Hans Jonas sagen, nicht weil Gott nicht wollte, sondern weil er nicht konnte, griff er nicht ein. Damit beginnt die Geschichte eines neuen Gottesbildes, das nicht mehr mit Wundern Gottes rechnet, sondern dafür um so mehr auf »Wunder« durch Menschen angewiesen ist. »Die Wunder, die geschahen«, so Jonas über Auschwitz, »kamen von Menschen allein: die Taten jener einzelnen, oft unbekannten Gerechten unter den Völkern, die selbst das letzte Opfer nicht scheuten, um zu retten, zu lindern, ja, wenn es nicht anders ging, hierbei das Los Israels zu teilen.«[8] Diese »Wunder« wunderbarer Menschen kommen jedoch nicht »von Menschen allein«, sondern aus dem wunderbaren Wirken des »ohnmächtigen« Gottes in den Herzen der Menschen. Ist doch das erste und grundlegende Wunder die Existenz der Schöpfung selbst mit dem ihr innewohnenden Drang zur »Liebe«: Gott ist auf wunderbare Weise in ihr gegenwärtig nicht durch allmächtige »Einmischung in den physischen Verlauf der Weltdinge«, sondern ohnmächtig »mit dem eindringlich-stummen Werben seines unerfüllten Zieles«[9]. Wo und wenn er gespürt wird und ein Mensch darauf reagiert, geschieht das eigentliche Wunder, das von Innen nach Außen wirkt. Hans Jonas bezeugt das am Beispiel einer jungen holländischen Jüdin. Etty Hillesum meldete sich 1942 freiwillig ins Lager Westerbork, um dort zu helfen und das Schicksal ihres Volkes zu teilen. 1943 wurde sie in Auschwitz vergast. In ihrem Tagebuch heißt es: »Ich will dir helfen, Gott, daß du mich nicht verläßt, aber ich kann mich von vornherein für nichts verbürgen. Nur dies eine wird mir immer deutlicher: daß du uns nicht helfen kannst, sondern daß wir dir helfen müssen, und dadurch helfen wir uns letzten Endes selbst. Es ist das einzige, auf das es ankommt: ein Stück von dir in uns selbst zu retten, Gott … und deinen Wohnsitz in unserem Inneren bis zum Letzten (zu) verteidigen.«[10] Das ist auch schon ein Beispiel für »Beten nach Auschwitz«. Günther Anders hat zwar nach Auschwitz keinen Gott mehr für »anbetungswürdig« gehalten: »Bei der Auswahl der

Gründe lasse ich Ihnen freie Hand. Entweder damit, daß ein Gott, der Auschwitz nicht verhindert hat oder der das nicht gekonnt hat oder der das vielleicht nicht einmal versucht hat oder der das vielleicht noch nicht einmal gewollt hat oder der vielleicht noch nicht einmal Notiz davon genommen hat, daß Auschwitz geplant und dann durchgeführt wurde – also daß *ein solcher nicht anbetungswürdig ist.*« Es sei zumindest unsererseits »würdelos«, wenn wir ein solches Wesen »anbeten oder zu ihm beten, also ihn um etwas bitten«. Beten ist für Anders letztlich gegenstandslos, weil es Gott gar nicht gibt: »Beten darf man nämlich vor allem deshalb nicht, weil die Tatsache, daß Auschwitz geschehen ist, beweist, daß es Gott überhaupt nicht gibt. Ins Leere hineinzubeten, ist eine nicht nur frustrierende, sondern … auch eine metaphysisch komische Beschäftigung.«[11]

Anders' Kritik gilt dem Gottesbild von »vor Auschwitz«. Es ist in der Tat passé und mit ihm die Gebete zu ihm. Wir können nicht mehr beten, daß Gott »mit starker Hand und ausgestrecktem Arm«, wie die Juden alljährlich im Gedenken an den Auszug aus Ägypten rezitieren, eingreife und sich als der »Herr der Geschichte« erweise[12]. Wir können nicht mehr wie in den christlichen Liturgien unsere Gebete mit »Gott, allmächtiger Vater« beginnen: Er war es vor der Schöpfung und wird es am Ende der Schöpfungsgeschichte wieder sein, sollte sie je zu Ende gehen. Wir können ab jetzt, in einem entscheidenden Punkt mündiger geworden, keinen »allmächtigen Vater« mehr bitten, er möge wenigstens in den dunkelsten Augenblicken der Menschheitsgeschichte seine Allmacht demonstrieren, um als gütiger und fürsorgender Vater nicht gänzlich sein Gesicht zu verlieren – und wenn er es nicht tut wie in Auschwitz, möge er uns tausend Ausflüchte eingeben, damit wir unseren Glauben retten vor uns und den anderen Kleingläubigen in den Religionen des allmächtigen Gottes.

Nach Auschwitz müssen wir vielmehr darum beten, daß *wir* weitere Auschwitz verhindern, daß *wir* den ohnmächtigen Gott immer mehr in uns Gestalt annehmen lassen mit seiner Kraft der Liebe und des Einsatzes für die Ohnmächtigen unter uns. Wir müssen der Gottheit Raum geben, so wie sie uns Raum gegeben hat. Der Jude Paulus, weit geworden durch seine zwar nicht persönliche, so doch mystische Begegnung mit dem für ihn entscheidenden Zeugen der ohnmächtigen Gottheit, Jesus von Nazaret, schrieb an die Christen in Rom, der Weltstadt, was bis heute eine gültige religiöse Wahrheit ist – auch und gerade nach Auschwitz, nach der Offenbarung des ohnmächtigen Gottes und dem Abschied vom Allmächtigen: »Die ganze Schöpfung wartet sehnsüchtig auf das Offenbarwerden der Söhne Gottes … Die Schöpfung soll von der Sklaverei und Verlorenheit befreit werden zur Freiheit und Herrlichkeit der Kinder Gottes. Denn wir wissen, daß die gesamte Schöpfung bis zum heutigen Tag seufzt und in Geburtswehen liegt. Aber auch wir, obwohl wir als Erstlingsgabe den Geist haben, seufzen in unserem Herzen und warten darauf, daß wir mit der Erlösung unseres Leibes als Söhne offenbar werden … So nimmt sich auch der Geist unserer Schwachheit an. Denn wir wissen nicht, worum wir in rechter Weise beten sollen; der Geist selber tritt jedoch für uns ein mit Seufzen, das wir nicht in Worte fassen können.« Beten nach Auschwitz ist ein Seufzen darüber, daß Gott in uns noch nicht seine befreiende Gestalt angenommen hat, und die Sehnsucht danach, daß es geschehe, und die Hoffnung darauf, daß er es in uns vollbringe, der Ohnmächtig-Mächtige: »Wir wissen, daß Gott bei denen, die ihn lieben, alles zum Guten führt.« (Römerbrief 8,19-28)

Nachwort
Stammeln vor dem ewigen Geheimnis

»All dies ist ein Gestammel. Selbst die
Worte der großen Seher und Beter, der
Propheten und Psalmisten … waren ein
Stammeln vor dem ewigen Geheimnis.«

Hans Jonas[1]

Ein kleiner Rauch im Stoppelfeld,
ein Apfel, frisch durchschnitten –
schon drängt das Herz, der guten Welt
den Nachtfluch abzubitten.«

Günther Anders[2]

Haben – so drängt sich nach unserem Versuch, den »Abschied vom Allmächtigen« als jüdisch-christliche Notwendigkeit nach Auschwitz plausibel zu machen – letztendlich Groß/Kuschel (siehe im Anhang S. 125f.) nicht doch recht, wir hätten mit Hilfe des Theorems vom leidenden, schwachen und ohnmächtige Gott die Theodizeefrage stillgestellt, die Unbegreiflichkeit Gottes aufgehoben? »Jede Theologie aber, die diese Unbegreiflichkeit Gottes meint aufgehoben zu haben, leidet entweder an Selbstüberschätzung oder Problemverdrängung. Ihr ist zu mißtrauen.«[3] Mit Jonas ist demgegenüber festzuhalten: Es kann keine Rede davon sein, daß mit der Rede vom ohnmächtigen Gott das »ewige Geheimnis« der schöpferischen und erlösenden« Gottheit gelüftet sei, im Gegenteil: Ihre Liebe wird um so unbegreiflicher, je mehr wir begreifen, was sie auf sich genommen hat, um die freie Gegenliebe des Menschen zu ermöglichen. Indem begreiflich wird, wieso Auschwitz möglich gewesen ist – als Folge der Ohnmacht Gottes und der Ermächtigung des Menschen –, wird der Preis des Liebesabenteuers Gottes mit der Schöpfung um so unverständlicher: »Warum, Gott«, soll Romano Guardini auf dem Sterbebett gefragt haben, »zum Heil die fürchterlichen Umwege, das Leid der Unschuldigen, die Schuld?« Diese Frage – nach Metz »die erste und eigentliche Theodizeefrage«[4] – bleibt auch dann unbeantwortet, nachdem wir Abschied vom allmächtigen Gott genommen und ihn freigesprochen haben von dem Vorwurf, er hätte Auschwitz durch direkten Eingriff verhindern können, hätte aber nicht gewollt. Die Theodizeefrage bleibt insofern offen, als die Liebe, die Gott in die Ohnmacht treibt, nicht nur ein »Faszinosum« ist, das uns hinreißt, sondern auch ein »Tremendum«, das uns erschreckt, weil es schreckliches Leid über die Schöpfung und seinen Schöpfer gebracht hat und weiter bringt. Das »Stammeln vor dem ewigen Geheimnis« ist nach dem Abschied vom allmächtigen Gott nicht weniger geworden, sondern mehr[5].

Ferner ist mit Jonas einzugestehen: »Ob sie wahr ist, können wir von keiner Antwort wissen. Von meinem armen Wort dazu kann ich nur hoffen, daß es nicht ganz ausgeschlossen sei von dem, was Goethe im ›Vermächtnis altpersischen Glaubens‹ in die Worte faßte:

> ›Und was nur am Lob des Höchsten stammelt,
> Ist in Kreis' um Kreise dort versammelt.‹«[6]

Wenn wir abschließend auf die Philosophen und Theologen zurückblicken, die den »Abschied vom Allmächtigen« glaubend und denkend und aus existentieller Betroffenheit besonders nach Auschwitz vorangetrieben haben, dann ist der jüdische Anteil beträchtlich. Was Jürgen Habermas aus Anlaß des 80. Geburtstags von Gershom Scholem 1978 allgemein formuliert hat, trifft auch auf unser Thema zu: Eine letzte Generation von jüdischen Gelehrten, Philosophen, Schriftstellern, Künstlern sei zurückgekehrt und habe eine intellektuelle Wirkung in Deutschland entfaltet wie kaum je zuvor. »Auf diese deutsch-jüdischen Traditionen erwerben wir, auch und gerade nach Auschwitz, in dem Maße ein Recht, wie es uns gelingt, sie produktiv fortzusetzen.« Habermas erwähnt dann mit Hinweis auf Scholems Buch über die Hauptströmungen der jüdischen Mystik nicht nur die Verwandtschaftsbeziehungen zwischen der Theosophie Jakob Böhmes und der Lehre Isaak Lurias sowie die Tatsache, daß hinter Schellings »Weltaltern« und Hegels »Logik« und hinter Franz von Baader nicht nur der Pietismus und die protestantische Mystik, sondern auch die Kabbala stünden. Worauf Habermas die Aufmerksamkeit vor allem lenkt, ist ausgerechnet Lurias Lehre des Zimzums in der Interpretation durch Scholem: »der Gedanke von der schöpferischen Kraft der Negation, der Selbstnegation Gottes als ein weiteres Beispiel für den systematischen Ertrag einer ‹unhistorischen› Lesart der Kabbala«. Und Habermas macht sich die Frage Scholems zu eigen, »ob die Symbolik, die sich solcher Bilder und Reden bedient, nicht etwa auch die Sache selbst sein könnte«.

Wieweit Gottes Selbstnegation als Bedingung für die Existenz der Schöpfung die Sache selbst sein könnte, entzieht sich der Spekulation und ist – wenn überhaupt – nur mystischer Erfahrung »erkennbar«, wie Habermas andeutet: »Schon für den lurianischen Mystiker bedeutet die immerwährende Schöpfung, daß sich in jedem Lebensprozeß die Berührung mit dem Nichts wiederholt.« Dem Mystiker nahe steht der Dichter. Selbst Günther Anders hat sich nicht gescheut, noch 1985 in der Buchausgabe seiner Gedichte den Teil »Lobgedichte« mit dem Vierzeiler als Motto zu eröffnen, den wir unserem Nachwort vorangestellt haben: Auch vierzig Jahre nach dem Ende der Schrecken von Auschwitz hält es Anders noch für möglich, daß man eine Erfahrung machen kann, die es erlaubt, »der guten Welt den Nachtfluch abzubitten«.

Habermas hat es mit Scholem auf den Begriff gebracht: Ein Gott, der sich selbst verbannt, lade die historischen Erfahrungen des Exils mit apokalyptischer Bedeutung auf: die Gewalt des Negativen, das Leiden an den Katastrophen der Vertreibung, der Unterdrückung und der Isolierung als Anzeichen für die schöpferische Kraft des Negativen, für eine Wende zum Guten. »Das Hölderlinsche Wort von der größten Gefahr, in der das Rettende wächst, ist hier vorweggenommen. Wenn sogar die Schöpfung mit einer Selbstexilierung Gottes beginnt, dann bedeutet der Augenblick der größten Katastrophe einen Hinweis auf die Chance der Erlösung.« Das ist die eine Seite des Gottesbildes nach Auschwitz. Die andere Seite trägt Menschenantlitz: Gott habe sich so weit zurückgezogen, daß die Rückführung der Dinge an ihren ursprünglichen Ort dem Menschen überantwortet sei. Wie jede Sünde den Urvorgang der göttlichen Selbstverbannung wiederhole, so trage jede gute Tat zur Heimführung der Verbannten bei[7].

Auch Hans Jonas war, wie er auf dem religionsphilosophischen Colloquium aus Anlaß der Ehrenpromotion durch die Freie Universität Berlin am 12. Juni 1992 bekannte, davon überzeugt, der ursprüngliche Grund der Welt habe bei dem Eingehen des Weltabenteuers erwartet und gehofft, »daß durch das Leben, das Lebendige, das Sich-selbst-Fühlende, schließlich durch den bewußt menschlichen Geist und seine Freiheit das *Gute* im Weltabenteuer und die positiven Daseinsprädikate die davon unabtrennbaren Möglichkeiten des Bösen so *überstehen* würden, daß sich die Sache lohnte, daß sie es wert war, in dieses Abenteuer von Raum und Zeit einzutreten«.

Als auf dem gleichen Colloquium einer der Gesprächsteilnehmer in der Meinung, es bringe präzis zum Ausdruck, was Jonas vor Augen habe, ein Zitat von Kierkegaard vortrug – »Allein die Allmacht kann sich zurücknehmen, indem sie

sich hingibt, und dies Verhältnis ist ja eben die Unabhängig-
keit des Empfangenden. Gottes Allmacht ist darum seine
Güte. Denn Güte ist sich ganz hingeben, aber dergestalt, daß
man, indem man allmächtig sich selbst zurücknimmt, den
Empfangenden unabhängig macht. Alle endliche Macht
macht abhängig, Allmacht allein vermag unabhängig zu machen, aus dem Nichts hervorzubringen, was dadurch inneres
Bestehen empfängt, daß die Allmacht sich ständig zurücknimmt« –, da antwortete Hans Jonas laut Protokoll: »Das ist
wunderbar. Unübertrefflich. Ich möchte vorschlagen, dies
als Schlußwort zu nehmen.«[8]

Anhang
Disput über den ohnmächtigen und leidenden Gott

»Sie meinen, die Rede von Gott dadurch
retten zu können, daß sie Gott zu einem
leidenden, schwachen und ohnmächtigen
Gott machen.«

Walter Groß / Karl-Josef Kuschel[1]

» Wider die Rede vom schwachen und leidenden Gott« haben sie das entscheidende Kapitel ihres Buches »Ich schaffe Finsternis und Unheil! Ist Gott verantwortlich für das Übel?« überschrieben: der Alttestamentler Walter Groß und Karl-Josef Kuschel, Privatdozent für Ökumenische Theologie und theologische Ästhetik und stellvertretender Direktor des Instituts für ökumenische Forschung, dessen Direktor Hans Küng ist – beide an der Katholisch-theologischen Fakultät der Universität Tübingen, deren Evangelische Fakultät 1984 Hans Jonas auszeichnete, wobei er sich mit dem Vortrag über den »Gottesbegriff nach Auschwitz« bedankte. In diesem Buch erheben die Autoren Einspruch gegen die von mir auf den vorhergehenden Seiten dargestellte Theologie des ohnmächtigen und leidenden Gottes, nennen sie »eine neumodische Theologie, die Manipulationen am Gottesbegriff meint vornehmen zu dürfen«[1].

Dabei charakterisieren sie die Motive der gegenwärtigen Ohnmachts- und Leidensphilosophen und -theologen wie Hans Jonas und Jürgen Moltmann, auf die sie sich konzentrieren, durchaus richtig: Theologen hätten begonnen, angesichts abgründiger Katastrophen wie Auschwitz den traditionellen Gottesbegriff zu verändern in der Hoffnung, die Rede von Gott dadurch retten zu können, daß sie Gott zu einem ohnmächtigen und leidenden Gott machten; sie möchten die Theodizeefrage beantworten und Gottes Güte und das kreatürliche Leiden dadurch vereinbaren, »daß sie

125

von Gott behaupten, er könne aus Liebe und Respektierung menschlicher Freiheit selber leiden. Der Protest gegen Gott im Namen des Leidens könne so gewissermaßen unterlaufen, ja stillgelegt werden, da man gegen einen leidenden Gott im Namen des Leidens nicht mehr protestieren könne.«[3]

Bei ihrem Einspruch berufen sich die beiden Autoren vor allem auf die katholischen Theologen Johann Baptist Metz, Karl Rahner und Hans Küng sowie auf drei alttestamentliche, wie die Autoren meinen, »Basistexte«.

Für eine Mystik des Leidens an Gott?
(J. B. Metz)

Bei Johann B. Metz findet sich in dem Beitrag »Theologie als Theodizee« von 1990, den die Autoren zitieren, zunächst eine kritische Anfrage[4] – die die Autoren unterdrücken[5] – an die eigene Position und eine Anerkennung der anderen Position in ihrer Ernsthaftigkeit: »Ist in meiner Erläuterung der Theodizeethematik vielleicht zu viel negative Theologie am Werk?« Zieht es Metz doch vor, statt von einer Theologie des leidenden Gottes von einer Mystik des Leidens *an* Gott zu sprechen. Doch, fragt er sich selbst, »wo bleibt hier der Reichtum der in der zeitgenössischen Theologie sich anbietenden Deutungen der menschlichen Leidensgeschichte aus trinitäts-theologischen Motiven? Gehört es nicht gerade zum ›spezifisch christlichen‹ Umgang mit der Theodizeefrage, das Leid in Gott selbst ›aufgehoben‹ zu sehen? Wird nicht – von Karl Barth bis Eberhard Jüngel, von Dietrich Bonhoeffer bis Jürgen Moltmann, im Bereich katholischer Theologie vor allem bei Urs von Balthasar – mit großem Ernst und theologischer Eindringlichkeit vom Leidenden Gott, vom Leiden zwischen Gott und Gott, vom Leiden in Gott gesprochen? Gewiß.« Metz kann sich dem nicht anschließen, weil er in diesen Versuchen eine »unangemessene Überbeantwortung bzw. Beruhigung« hinsichtlich der letzten, beunruhigendsten Fragen sieht, die es zwischen Mensch und Gott gibt. Es ist ihm »zu viel spekulative, gnosisnahe Versöhnung mit Gott« auf dem Rücken der menschlichen Leidensgeschichte am Werk, eine »Unterschätzung« des Geheimnischarakters menschlichen Leidens.

Um seine »Zurückhaltung« zu erläutern – Metz ist viel vorsichtiger, als Groß/Kuschel wahrhaben wollen –, stellt er einige Fragen, die den beiden Autoren unkommentiert als Argumente gegen eine Theologie vom leidenden Gott dienen sollen, aber das nicht unbedingt leisten.

»Wieso«, fragt Metz, »ist die Rede vom leidenden Gott am Ende nicht doch nur eine sublime Verdoppelung menschlichen Leidens und menschlicher Ohnmacht?« – Weil Gott, möchte man antworten, »eminenter« leidet, in unendlicher Differenz zum kreatürlichen Leiden, wie vor allem die Franzosen Maritain und Galot (siehe S. 69) und ähnlich Urs von Balthasar (siehe S. 70f.) betonen.

»Wieso«, fragt Metz weiter, »führt die Rede vom Leiden in Gott bzw. vom Leiden zwischen Gott und Gott nicht doch zu einer Verewigung des Leidens?« – Weil ein in Gott verewigtes Leiden ein durch Gott verwandeltes Leiden ist – zurückgeführt auf seine positive Substanz als Liebeshingabe.

»Geraten hier«, fragt jetzt Metz als Vertreter einer Politischen Theologie, »Gott und Mensch nicht unter eine quasi mythische Universalisierung des Leidens, die schließlich auch den Aufschwung, der dem Unrecht widersteht, bricht?« – Wenn sich Gott mit den Leidenden dadurch solidarisiert, daß er mitleidet – nicht nur sein Beileid ausspricht –, werden Protest und Aktivitäten gegen die, die leiden lassen, nicht um so stärker sein?

»Oder«, so Metz weiter, »ist vielleicht bei dieser Rede vom leidenden Gott zu viel Hegel im Spiel, also zu viel Herabdeutung des Leidens auf dessen Begriff?« – Will Metz den in Frage kommenden Kollegen unterstellen, sie hätten sich von Hegel aufs idealistische Glatteis führen lassen, oder hat er selbst den Ernst, der Hegel die Feder führte, nicht wahrgenommen?

»Schließlich«, führt Metz ein letztes kritisches Argument an, »habe ich mich immer gefragt, ob bei der Rede vom leidenden Gott nicht so etwas wie eine heimliche Ästhetisierung des Leidens zur Geltung kommt. Leiden, das uns schreien oder schließlich kläglich verstummen läßt, kennt keine Hoheit, es ist nichts Großes, nichts Erhabenes; es ist in seinen Wurzeln alles andere als ein starkes solidarisches Mitleiden, es ist nicht einfach Zeichen der Liebe, sondern weit mehr erschreckendes Anzeichen dafür, nicht mehr lieben zu können. Es ist jenes Leid, das ins Nichts führt, wenn es nicht ein Leiden an Gott ist.« – Da möchte man zurückfragen: Wie war es dann mit dem Leiden Christi? Wie hat die Urkirche dieses Leiden interpretiert, von Jesu Todesangst am Ölberg bis zum letzten Schrei: Vater, in deine Hände empfehle ich meinen Geist? Was ist von der Ästhetisierung des Leidens Christi zu halten, vom Isenheimer Altar des Mathias Grünewald bis zur Matthäuspassion von Bach? Verwechselt Metz hier nicht die im Extremfall schmerzvollste und verzweifelte Befindlichkeit des Leidenden (Jesus: Gott, mein Gott, warum hast du mich verlassen!) mit der Bedeutung, die dieses Leiden an sich hat, – auch für den Leidenden, wenn er darüber reflektieren könnte (Jesus: Es ist vollbracht. In deine Hände empfehle ich meinen

Geist)? Ist »Nicht mehr lieben zu können« nicht erträglicher, wenn ich weiß: Auch dieses Leid ist Gott nicht fremd, er hat es erlitten und – wird es erlösen?

Als habe sich Metz diese christologische Einrede selbst gemacht, fügt er an dieser Stelle ein – und es wirkt nicht unbedingt überzeugend: »Ich glaube nicht, daß uns die Christologie nötigt oder auch nur legitimiert, vom leidenden Gott bzw. vom Leiden in Gott zu sprechen.«

Dialektik gegen Dramatik?
(K. Rahner / H. U. v. Balhasar)

Da war der Lehrer von Johann Baptist Metz, der 1984 verstorbene katholische Dogmatiker Karl Rahner, bereits 1954 in einem Aufsatz »Probleme der Christologie von heute« anderer Meinung. Wenn der Logos, der Mensch wird, »im Besitz des absoluten göttlichen Seins in Identität ist«, wenn »dieser Mensch – der, wie gesagt, Gott ist«[6], leidet und am Kreuz stirbt, dann leidet und stirbt auch Gott. 1958 in seinem Aufsatz »Zur Theologie der Menschwerdung« sagte es Rahner dann ausdrücklich: »Es bleibt doch wahr, daß der Logos Mensch wurde, daß die Werdegeschichte dieser menschlichen Wirklichkeit seine eigene Geschichte, unsere Zeit die Zeit des Ewigen, unser Tod der Tod des unsterblichen Gottes selbst wurde ...«[7] Diese Passage wiederholte Rahner auch noch 1976 in dem »Grundkurs des Glaubens«, der Summe seiner Theologie[8]. Nicht nur das, er überbot sie dort und forderte eine neue orthodoxe Christologie, die den »Tod Gottes« rechtgläubig ernstnimmt. »Die neue orthodoxe Christologie müßte ans Licht bringen, was an Wahrheit in der häretischen Gott- ist-tot-Theologie steckt ... Wenn man sagt, der fleischgewordene Logos sei ›bloß‹ in seiner menschlichen Wirklichkeit gestorben, und dies stillschweigend dahin versteht, daß dieser Tod Gott nicht berühre, dann hat man nur die halbe Wahrheit gesagt und die eigentlich christliche Wahrheit ausgelassen. Der ›unwandelbare Gott‹ hat zwar ›an sich selbst‹ kein Schicksal und so keinen Tod, aber er *selbst* (und nicht nur das andere) hat am anderen durch die Inkarnation ein Schicksal. So sagt eben dieser Tod (wie die Menschheit Christi) Gott aus, wie er selbst ist und uns gegenüber sein wollte in einem freien Entschluß, der ewig gültig bleibt. Dieser Tod *Gottes* in seinem Sein und Werden am anderen der Welt muß dann offenbar zum Gesetz der Geschichte des neuen und ewigen Bundes gehören, den wir zu leben haben. Wir haben das Schicksal Gottes an der Welt zu teilen. Nicht indem wir in modischer Gott-losigkeit erklären, Gott sei nicht, oder wir hätten mit ihm nichts zu tun, sondern indem unser ›Haben‹ Gottes immer wieder durch die Gottverlassenheit des Todes, in der Gott allein radikal uns entgegentritt, darum hindurchgeht, weil Gott sich selbst in Liebe und als die Liebe preisgegeben hat und dies in seinem Tod real wird und zur Erscheinung kommt. Der Tod Jesu gehört zur Selbstaussage Gottes.«[9]

Um so unverständlicher ist es und macht mißtrauisch, wenn sich Groß/Kuschel bei ihrem Einspruch gegen die Theologie vom leidenden und gekreuzigten Gott nach Metz ausgerechnet auf Karl Rahner berufen, unverständlich auch, warum sie Rahner für einen Einspruch »von der Psychologie (!) her« in Anspruch nehmen, worunter sie verstehen: »Ist die Rede von einem ›Leiden Gottes‹ auch nur pastoral hilfreich? Hilft es einem leidenden Menschen wirklich, wenn er theologisch die Auskunft bekommt: Auch Gott leidet mit dir?

Karl Rahner hat zu Recht gegen solche Leidenstheologien Einwände erhoben.«[10] Das Zitat, das die Autoren dann unkommentiert als Argument bringen, stammt jedoch nicht aus einer der ca. 4000 Publikationen des scharfsinnigen und tiefschürfenden Theologen, sondern aus der Mitschrift eines Gesprächs mit Theologiestudenten im Proseminar von Albert Raffelt an der Universität Freiburg im Breisgau 1974[11]. In dem Gespräch wehrt sich Rahner polemisch und in spontaner Formulierung gegen die seiner Meinung nach ungerechtfertigte Unterstellung von Urs von Balthasar, er, Rahner, sei uns eine Kreuzestheologie bisher schuldig geblieben[12].

Rahner antwortet darauf, indem er die in Frage stehenden Positionen polemisch übertreibt und sie dadurch unversöhnlicher erscheinen läßt, als sie in Wirklichkeit sind. Die Beschreibung auch seiner eigenen Position eignet sich daher nur mit Einschränkungen, um als überzeugender Einwand gegen die Theologie des ohnmächtigen und leidenden Gottes vorgebracht zu werden, wie Groß/Kuschel es tun. »Wenn ich jetzt zum Gegenangriff antreten wollte«, antwortete Rahner auf den Vorwurf fehlender Kreuzestheologie in seinem Denken, »dann würde ich allerdings sagen, daß es eine moderne Tendenz (ich will nicht sagen Theorie, aber doch Tendenz) gibt – sowohl bei Hans Urs von Balthasar wie Adrienne von Speyr (natürlich bei dieser noch viel mehr), aber auch unabhängig davon bei Moltmann – die eine Theologie des Todes Gottes konzipiert, welche mir im Grunde genommen gnostisch erscheint.« Ein Vorwurf, den Balthasar zurückweisen wird (siehe S. 135).

Jetzt folgt die von Groß/Kuschel als (pastoral-)psychologisch eingestufte Passage: »Um – einmal primitiv gesagt – aus meinem Dreck und Schlamassel und meiner Verzweiflung herauszukommen, nützt es mir doch nichts, wenn es Gott – um es einmal grob zu sagen – genauso dreckig geht.« Schon die Ausdrucksweise Rahners läßt es geraten erscheinen, seine Worte nicht auf die Goldwaage zu legen. Wer Karl Rahner im lebendigen Disput erlebt hat, weiß, daß er sich und anderen gern drastische Einwände machte, die er nicht selten selbst widerlegte. Ähnlich auch hier. Kann man ihm doch nicht unterstellen, er habe nicht gewußt, was solidarisches Mitleiden Gottes für die leidende Kreatur bedeutet!

So korrigiert er seinen saloppen Einwand denn auch implizit selbst, indem er seine Theologie des Todes Gottes kurz skizziert: »Ich weiß natürlich und habe das ja auch schon betont, daß es durchaus von der klassischen Inkarnationslehre bzw. Theologie der hypostatischen Union her eine sinnvolle und ernste Aussage darüber gibt und geben muß, die ich auch nicht leugnen oder vernebeln will, daß *Gott* gestorben ist (ohne deswegen in einen Patripassianismus zu verfallen). Aber« – und Rahner arbeitet jetzt den Gegensatz zu Balthasar und Moltmann heraus, indem er *auch* an der traditionellen Formulierung des unveränderlichen und leidensunfähigen Gottes festhält: beide an sich widersprüchlichen Aussagen machen für ihn gerade das Geheimnis Gottes aus – »auf der anderen Seite gehört es doch zu meinem Trost, daß Gott, wenn und insofern er in diese Geschichte selber als in seine eigene eingestiegen ist, jedenfalls auf andere Weise eingestiegen ist als ich.« Das würden auch Balthasar und Moltmann zugestehen. »Denn ich bin«, fährt Rahner fort, »von vornherein in diese Gräßlichkeit hineinzementiert, während Gott – wenn dieses Wort überhaupt noch einen Sinn haben soll –, in einem wahren und echten und nicht tröstenden Sinne der *Deus impassibilis*, der *Deus immutabilis* usw. ist.«

Rahner hält demnach an den traditionellen Eigenschaften Gottes – Leidensunfähigkeit und Unveränderlichkeit – fest, versteht sie jedoch »dialektisch«, wie er im »Grundkurs des Glaubens« erläutert: »Die Aussage von der Unveränderlichkeit Gottes ist im selben Sinne eine dialektische Aussage wie die von der Einheit Gottes in und trotz der Trinität, d.h. diese beiden Aussagen bleiben für uns faktisch nur dann wirklich richtig, wenn wir die beiden anderen Aussagen von der Trinität bzw. von der Inkarnation sofort hinzudenken, ohne daß wir die eine als der anderen vorgeordnet denken dürften … So erfahren wir durch die Inkarnationslehre, daß die Unveränderlichkeit Gottes – ohne dadurch aufgehoben zu sein – gar nicht einfach das allein Gott Auszeichnende ist, sondern daß er in und trotz seiner Unveränderlichkeit wahrhaft etwas werden kann: er selber, er in der Zeit. Und diese Möglichkeit ist nicht als Zeichen seiner Bedürftigkeit zu denken, sondern als Höhe seiner Vollkommenheit, die geringer wäre, wenn er nicht weniger werden könnte, als er bleibend ist.«[13]

Während Rahner seine eigene Position als »dialektisch« bezeichnet, »spürt« er bei den anderen zu wenig davon: »Bei Moltmann und anderen meine ich eine Theologie eines absoluten Paradoxons und eines Patripassianismus, vielleicht auch einer Schellingschen Projektion der Gespaltenheit, der Zwiespältigkeit, der Gottlosigkeit, des Todes in Gott selbst hinein zu spüren, bei der ich erstens sage: Was weiß man denn so genau vom lieben Gott … und bei der ich zweitens fragen würde: Was nützt mir denn das als Trost im wahrsten Sinne des Wortes.« Hier endet das Zitat Rahners in der Wiedergabe von Groß/Kuschel.

Unsere Andeutungen über den »Sitz im Leben« dieser Äußerung Rahners sowie die ergänzende Kommentierung mögen gezeigt haben: Karl Rahner eignet sich kaum als Zeuge gegen eine Theologie des leidenden und gekreuzigten Gottes. Seine differenzierenden Einwände gegen Balthasar und Moltmann spielen sich innerhalb der allen drei gemeinsamen Theologie vom Tode Gottes ab. So klingt denn auch der Text bei Rahner versöhnlich aus, indem er seine und die Position der anderen relativiert und beide für orthodox hält – ein Ausklang, der von Groß/Kuschel unterdrückt wird: »Hier wäre also nochmals auch diejenige Kreuzestheologie, die meine Kreuzestheologie – vielleicht mit Recht – als ungenügend betrachtet, selber genauer daraufhin anzuschauen, ob denn eine solche Kreuzestheologie richtig oder christlich verpflichtend ist. (Vielleicht kann man ein orthodoxer Nestorianer sein oder auch ein orthodoxer Monophysit. Unter dieser Voraussetzung bin ich lieber ein orthodoxer Nestorianer.)« Obwohl Nestorios, der Patriarch von Konstantinopel (gestorben ca. 451) »sich um eine enge Einheit der göttlichen und menschlichen Wirklichkeit in Christus bemühte und rechtgläubig (orthodox) sein wollte, konnte er sachlich nur eine ›moralische‹ Einheit des Logos mit dem Menschen zugeben«, charakterisiert Rahner selbst den Nestorianismus. Nach dem Monophysitismus (Lehre von einer einzigen Natur) des Eutiches, eines Archimandriten in einem Kloster Konstantinopels Mitte des 5. Jahrhunderts, sei nach Rahner »durch die substantielle Einigung des Logos mit der menschlichen Wirklichkeit eine einzige ›Physis‹ (Natur) entstanden und darin die Menschheit von der Gottheit absorbiert und wie ein Honigtropfen im Meer aufgelöst« worden[14]. Rahner will also, wenn er sich selbst als »orthodoxer Nestorianer« bezeichnet, sagen, er neige mehr dazu, das »unvermischt« der göttlichen und menschlichen Natur Christi zu betonen, während die anderen – Moltmann und Balthasar – als »ortho-

doxe Monophysiten« eher das »ungetrennt« in der christolo-
gischen Formel des Konzils von Chalkedon (451) unterstrei-
chen. Dieses hatte formuliert: Jesus Christus, der menschge-
wordene Logos Gottes, ist eine Person in zwei Naturen, die
in dieser einen Person unvermischt, unverwandelt, ungetrennt und ungeschieden gegeben seien[15].

Die Antwort Hans Urs von Balthasars auf die Einwände Karl-
Rahners findet sich kurz zusammengefaßt in der Vorbemerkung zum letzten, IV. Band »Endspiel« seines Werkes »Theodramatik«[16]. Der Ton der Erwiderung ist darauf gestimmt, auf
Mißverständnisse Rahners hinzuweisen und darauf, daß beider Positionen doch wohl rechtgläubig seien und sie darin
übereinkommen, das Geheimnis Gottes wahren zu wollen:
»Unsere Theologie wurde von Karl Rahner als ›gnostisch‹ bezeichnet; er würde vermutlich nach Lesung des Kapitels über
den ›Schmerz Gottes‹ sein Urteil noch tiefer bestätigt finden.
Trotzdem erscheint es unakzeptabel, wie eine Kenntnisnah-
me des abschließenden Kapitels dieses Buches, das nochmals
von der Unveränderlichkeit Gottes, auch in aller Heilsöko-
nomie handelt, deutlich zeigen dürfte.« Also auch Balthasar
sieht das Verhältnis von Gottes Unveränderlichkeit zu seiner
Veränderlichkeit wie Rahner dialektisch. Anderswo, fährt
Balthasar fort, habe der gleiche Kritiker (Karl Rahner) Balthasars theologischen Ort im Neuchalkedonismus anberaumt,
den Rahner vermeiden möchte, da er beim ›Unvermischt‹
(der göttlichen und menschlichen Natur Christi) des klassischen Chalkedon stehenbleiben wolle. Immerhin sei die Formel ›Einer aus der Trinität hat gelitten‹, die Rahner wohl ein
Dorn im Auge sei, als rechtgläubig anerkannt (Brief des Papstes Johannes II. an den Senat von Konstantinopel 534. Die
strittige Frage lautete: »Ob Christus, unser Gott, der in seiner
Gottheit leidensunfähig ist, in seinem Fleische gelitten hat?«

Antwort: »Gott hat wirklich im Fleisch gelitten.«).[17] Balthasar könne nicht einsehen, inwiefern das ›pro nobis‹ (für uns) von Kreuz und Auferstehung für uns fruchtbar sein könnte, falls dieser Gekreuzigte und Auferstandene nicht ›einer aus der Trinität‹ wäre. Ist er es nicht, dann mag wahr sein, daß »wenn es mir dreckig geht, ich nichts davon habe, daß es auch Gott (oder Jesus) dreckig geht«, wie Karl Rahner gemeint habe. »Der Schlußband der Theodramatik«, so Balthasar weiter in Übereinstimmung mit Rahner und – Jonas, »mündet breit in das aus, was Karl Rahner mit vollem Recht und emphatisch als das Geheimnis Gottes bezeichnet. Was zuletzt über das Endspiel zwischen Erde und Himmel gesagt werden kann, ist nichts weiter als ein staunendes und stammelndes Umkreisen des Mysteriums anläßlich von einzelnen aufblitzenden Worten und Hinweisen der Schrift.«

Führt man sich diese tiefschürfende Auseinandersetzung zwischen Rahner und Balthasar vor Augen, drängt sich wie schon bei Metz der Eindruck auf: Groß und Kuschel machen es sich zu leicht, wenn sie sich auf Rahner als Kronzeugen gegen eine Theologie vom leidenden und gekreuzigten Gott berufen. Sie ist in sich differenzierter, als Groß/Kuschel zeigen.

Gott selbst schafft Finsternis und Unheil (W. Groß / K.-J. Kuschel)

Diese Reserve stellt sich auch gegen Groß' und Kuschels Argument »von der Schrift her« ein. Sie berufen sich dabei an erster Stelle auf einen Text von Hans Küng aus seinem Buch »Das Judentum« von 1991. Küng war schon 1978 in »Existiert Gott?« mit einem vorsichtigen Satz auf Distanz zu Moltmann gegangen: »Von einem ›gekreuzigten Gott‹ sollte man freilich nicht sprechen«, er hatte im Zusammenhang der Theodizeeproblematik dann jedoch formuliert: »Gegen einen über allem Leiden in ungestörter Glückseligkeit oder apathischer Transzendenz thronenden Gott kann ich revoltieren. Aber nicht gegen den Gott, der mir in Jesu Leid sein ganzes Mit-Leid geoffenbart hat …, der nicht ein teilnahmsloses und liebloses Wesen ist, den Leid und Unrecht nicht rühren können, sondern der sich in Liebe selber des Leids der Menschen angenommen hat und annehmen wird. Der Sieg der Liebe Gottes, wie sie Jesus verkündet und manifestiert hat, als der letzten, entscheidenden Macht: das ist das Gottesreich.«[18]

1991 in »Das Judentum« scheint Küng hinter diese Position zurückzufallen. Küng, der kein Bibelwissenschaftler ist, gibt zwar zu: Gewiß schreibe die Hebräische Bibel in anthropomorpher Rede Gott bisweilen die ganze Bandbreite menschlicher Gefühle und Verhaltensweisen zu: Zorn, Klage und Schmerz. Aber nirgendwo würden Leid und Schmerz des Menschen einfachhin zum Leid und Schmerz Gottes erklärt und verklärt. Für das Alte Testament gelte: Wenn der Mensch scheitert, scheitere Gott nicht; wenn der Mensch stirbt, sterbe Gott nicht mit. Dazu ist zu sagen: Gottes Leidensfähigkeit als »anthropomorphe Rede« abzutun, ist leichter gesagt als exegetisch und bibeltheologisch bewiesen, wie wir in diesem Buch mehrfach gezeigt haben, ganz zu schweigen von der spätjüdischen Spekulation zu diesem Thema, die christliche Theologen nicht gering schätzen sollten.

Küng fährt dann fort: Auch nach dem Neuen Testament schreie nirgendwo Gott zu Gott, nirgendwo sei Gott selber schwach, ohnmächtig, leidend, gekreuzigt oder gar gestorben. Bewegt sich Küng hier nicht außerhalb des christlichen Glaubensbekenntnisses, nach dem »einer aus der Trinität gelitten hat«, wie Urs von Balthasar gegen Karl Rahner betonte (siehe S. 135f.)?

Die folgende Frage Küngs könnte man fast als demagogisch empfinden: Wenn man der Menschen Leiden so sehr mit Gott identifiziere, daß es auch Gottes Leiden ist, werde dann nicht auch des Menschen Sünde (die Verbrechen der SS-Schergen) zur Sünde Gottes selbst[19]? Dazu nur der Hinweis: Hat doch schon Paulus im 1. Korintherbrief klar unterschieden zwischen der Glaubenstatsache, daß wir »Tempel Gottes« und unsere »Leiber Glieder Christi« seien, und der Erfahrungstatsache, daß wir den Tempel Gottes »verderben« und »die Glieder Christi nehmen und zu Gliedern einer Dirne machen« können. Mit anderen Worten: Gott ist nicht nur im Opfer, er ist auch im Täter von Auschwitz, aber anders als Küng insinuiert: auch im Täter noch einmal als Opfer, indem seine göttlichen Kräfte mißbraucht werden[20]. Die »Sünde Gottes selbst« bestünde höchstens darin, daß er dem Menschen diesen Mißbrauch ermöglicht hat mit seiner Idee einer Schöpfung, die im Menschen zur Freiheit gelangt, die sich auch gegen Gott und die Schöpfung wenden kann.

Die Berufung auf Hans Küng als Argument »Von der Schrift her« mag unglücklich gewählt sein und ist nicht überzeugend. Doch wie steht es mit der Einrede von Groß/Kuschel, wo sie sich direkt auf Stellen der Hebräischen Bibel berufen, aus dem Propheten Jesaja auf die Texte 6,1-11 und 45,7 sowie auf den Psalm 88?

Im ersten Text geht es um den Verstockungsbefehl Gottes an den Propheten: »Geh und sag diesem Volk: Hören sollt ihr, hören, aber nicht verstehen. Sehen sollt ihr, sehen, aber nicht erkennen. Verhärte das Herz dieses Volkes, verstopf ihm die Ohren, verkleb ihm die Augen, damit es mit seinen Augen nicht sieht und mit seinen Ohren nicht hört, damit sein Herz nicht zur Einsicht kommt und sich nicht bekehrt und geheilt wird.« (Jesaja 6,9-10)

Jesaja 45,7 lautet: »Ich erschaffe das Licht und mache das Dunkel, ich bewirke das Heil und erschaffe das Unheil. Ich bin der Herr, der das alles vollbringt.«

Psalm 88 schließlich enthält die Anklage eines Kranken und Einsamen gegen Gott: »Du hast mich ins tiefste Grab gebracht, tief hinab in finstere Nacht … Gebeugt bin ich und todkrank von früher Jugend an, deine Schrecken lasten auf mir, und ich bin zerquält. Über mich fuhr die Glut deines Zorns dahin, deine Schrecken vernichten mich.«

So überzeugend im einzelnen auch die Untersuchungen sind, die der Alttestamentler Groß gegenüber diesen Texten anstellt, die Schlußfolgerungen für unser Thema erscheinen umwegig und wecken Zweifel, ob sie geeignet sind, die Theologie vom ohnmächtigen und leidenden Gott aus den Angeln zu heben. Der entscheidende Passus bei Groß/Kuschel lautet: »Indem Gott die Verantwortung für das Übel zugesprochen wird, ja, indem Gott sich selbst die Verantwortung für das Übel zuspricht, wird gleichzeitig an seine Macht appelliert, für die Beseitigung des Übels Sorge zu tragen. Keiner der drei Texte nährt denn auch den geringsten Zweifel an Gottes Macht, und keiner Theologie – ob jüdischer oder christlicher Provenienz – ist es erlaubt, die Rede von Gott mit dialektischen Kunstgriffen durch die Rede von *Gottes Ohnmacht* zu verwässern. Biblisch ist es unmöglich, von Gott in der Kategorie Ohnmacht zu sprechen. Biblisch – falls man denn diese Kategorie verwenden will – kann von Gott nur in den Kategorien Macht und Kraft gesprochen werden, auch wenn Gott sein Ziel u.U. durch die Ohnmacht von Menschen erreicht.«[21]

Trotz des apodiktischen Tonfalls der Autoren von ihrer »Lehrkanzel« herab seien einige Fragen erlaubt.

Erstens: Selbst wenn man die Texte beim Wort nimmt, ist damit schon ausgeschlossen, daß Gott, wenn er um der Gerechtigkeit willen die Menschen verstocken und leiden lassen muß, nicht selbst darunter leidet?

Zweitens: Auch wenn es für den Verstockungstext des Jesaja eine Wirkungsgeschichte bis in die Evangelien und die Apostelgeschichte hinein gibt (vgl. Markus 4,10-12; Matthäus 13,13, Johannes 12,37, Apostelgeschichte 28,25-28), bleibt die Frage: Wie zentral für die biblische Botschaft insgesamt ist dieser Text? »Basistexte«[22] sind sie doch nur für die im Rahmen der Theodizee wichtige Tatsache, »daß die kollektive Selbstverweigerung der Menschen als ein Problem nicht der Menschen, sondern Gottes, als ein im strikten Sinn theologisches Problem immer wieder bedacht wurde«[23], wie Groß formuliert. Für die uns hier zunächst interessierende Frage nach dem ohnmächtigen und leidenden Gott gibt es andere biblische Texte, die, theologisch interpretiert, ergiebiger sind. Für den Psalm 88 muß auch Groß zugeben, daß er im Neuen Testament keine Wirkung gezeitigt habe: Der Glaube an die Auferstehung, die Deutung des Kreuzestodes Jesu und die Idee der Kreuzesnachfolge hätten neben anderen Gründen unter den Christen eine Einstellungsänderung bewirkt, die eine Anklage Gottes ausschloß[24].

Daran läßt sich drittens die Frage anschließen: Rechnen Groß/Kuschel selbst nicht zu wenig mit solchen »Einstellungsänderungen« der Menschen im Laufe der biblischen Geschichte, mit einem Wandel des Gottesbildes von Jahwe dem Allmächtigen, der sein Volk verstockt und seine Gläubigen leiden läßt, bis hin zum »Abba Vater« Jesu Christi, der mit seinem Sohn leidet? Sind deshalb die drei Kronzeugentexte, so wichtig und repräsentativ sie für eine bestimmte kollektive und individuelle religiöse Erfahrung auch heute noch sein mögen, in ihrer glaubensmäßigen Verbindlichkeit für das Gottesbild nicht zu relativieren?

Viertens: Selbst wenn diese Texte, wie die Autoren meinen, gleichzeitig an Gottes Macht appellieren, Abhilfe zu schaffen, – sind diese Texte und mit ihnen die gesamte biblische Geschichte nicht eine einzige Dokumentation darüber, daß die Abhilfe ausgeblieben oder nicht in dem Umfang gewährt wurde, wie man es erhoffte? Erwies sich Gottes starker Arm nicht als weniger stark, Gottes Allmacht nicht als weniger mächtig, so daß der Abfall des auserwählten Volkes nicht aufgehalten und die Verzweiflung eines einzelnen nicht gelindert wurden? Offenbarte sich Gottes Allmacht nicht vollends als Ohnmacht, als er den Kreuzestod seines Sohnes ebensowenig verhinderte wie Auschwitz, weil er beides nicht mehr verhindern *konnte*?

Trotzdem beharren Groß/Kuschel in fast fundamentalistischer Selbstsicherheit darauf, daß die drei Texte mit ihrer »selbstverständlichen« Aussage, »Gott« sei »für die Übel verantwortlich« und somit könne von einer Ohnmacht Gottes keine Rede sein, auch heute noch für biblische Gläubige in diesem Verständnis verbindlich seien. »Wer der Meinung ist«, fahren sie drohend und nicht ohne Unterstellungen fort, »daß daraus ein schädliches Gottesbild erwächst, das den Menschen in Verzweiflung, Resignation, vorschnelle Ergebung oder nutzlos kräftezehrenden Aufruhr versetzt, will seine Bibel offensichtlich nur noch selektiv lesen. Er setzt Selbstverliebtheit in ein traditionelles Gottesbild an die Stelle radikaler Wahrheitssuche; er will nicht wahrhaben, daß Gott auch ganz anders sein *kann*.«[25] Tatsächlich sind die jüdischen und christlichen Philosophen und Theologen, die für einen ohnmächtigen und leidenden Gott plädieren, vielmehr der Meinung, daß ihr Gottesbild für die Menschen weniger schädlich sei als das von Groß/Kuschel. Halten diese doch trotz Auschwitz nicht nur an dem traditionellen Bild vom allmächtigen und leidensunfähigen Gott fest, sondern überbieten es noch durch die doktrinäre Feststellung: »*Gott ist nicht schwach*; falls er sich passiv zurückhält, hat er es ohne Nötigung so beschlossen; auch das Übel setzt er von sich aus, aktiv (wenn auch nicht allein). *Gott trägt Verantwortung für das Übel*.«[26] Ob solche »Glaubenssätze« den Menschen nicht vollends »in Verzweiflung, Resignation, vorschnelle Ergebung oder nutzlos kräftezehrenden Aufruhr« versetzen? Wer hat denn hier »seine Bibel offensichtlich nur noch selektiv« gelesen? Dennoch möchte man – anders als die Autoren von ihren Kollegen – unterstellen, daß Groß/Kuschel *nicht* »Selbstverliebtheit in ein traditionelles Gottesbild an die Stelle radikaler Wahrheitssuche« setzen und daß sie *nicht* »nicht wahrhaben« wollen, »daß Gott auch ganz anders sein kann.«

Anmerkungen und Literaturhinweise

Zum Abkürzungsschlüssel siehe Anmerkung 4 des Vorworts und Anmerkung 16 zu Kapitel I.

Vorwort: Gott vor Gericht

1 *Günther Anders*, Ketzereien, München [2]1991, S. 33.
2 *Hans Jonas*, Der Gottesbegriff nach Auschwitz. Eine jüdische Stimme, Frankfurt am Main 1987, S. 41.
3 *Walter Groß/Karl-Josef Kuschel*, »Ich schaffe Finsternis und Unheil!« Ist Gott verantwortlich für das Übel?, Mainz 1992; *Gerhard Streminger*, Gottes Güte und die Übel der Welt. Das Theodizeeproblem, Tübingen 1992; *Willi Oelmüller* (Hrsg.), Worüber man nicht schweigen kann. Neue Diskussionen zur Theodizeefrage, München 1992; *Regina Ammicht-Quinn*, Von Lissabon bis Auschwitz. Zum Paradigmawechsel in der Theodizeefrage, Freiburg i.Ue./Freiburg im Breisgau 1992; *Alexander Schuller/Wolfert von Rahden* (Hrsg.), Die andere Kraft. Zur Renaissance des Bösen, Berlin 1993; *Hans Schwarz*, Im Fangnetz des Bösen. Sünde-Übel-Schuld, Göttingen 1993; *Carsten Colpe/Wilhelm Schmidt-Biggemann*, Das Böse. Eine historische Phänomenologie des Unerklärlichen, Frankfurt am Main 1993; *Gerd Neuhaus*, Theodizee – Abbruch oder Anstoß des Glaubens, Freiburg im Breisgau 1993; *Gerd Theobald*, Hiobs Botschaft. Die Ablösung der metaphysischen durch die poetische Theodizee, Gütersloh 1993; *Hans-Gerd Janssen*, Gott – Freiheit – Leid. Das Theodizeeproblem in der Philosophie der Neuzeit, Darmstadt [2]1993.
4 *Günther Anders*, a.a.O.(Anm. Vorwort 2 = siehe den Buchtitel in der Anmerkung 2 zum Vorwort.), S. 210.
5 *Groß/Kuschel*, a.a.O. (Anm. Vorwort 3), S. 218.

6 *Hans Jonas*, a.a.O. (Anm. Vorwort 2), S. 37.

7 *Groß/Kuschel*, a.a.O. (Anm. Vorwort 3), Buchtitel.

8 *Jürgen Moltmann*, Gott in der Schöpfung. Ökologische Schöpfungslehre, München 1985, S. 101.

9 *Günther Schiwy*, Der kosmische Christus. Spuren Gottes ins Neue Zeitalter, München 1990. *Ders*. Der Geist des Neuen Zeitalters, Düsseldorf 1990.

I. Auschwitz: Das Ende der traditionellen Gottesbilder

1 *Johann Baptist Metz*, »Theologie als Theodizee?«, in: *Willi Oelmüller* (Hrsg.), Theodizee – Gott vor Gericht?, München 1990, S. 103.

2 *Hans Jonas*, a.a.O. (Anm. Vorwort 2), S. 13 f.

3 *Günther Anders*, a.a.O. (Anm. Vorwort 1), S. 82 f.

4 *Richard L. Rubenstein*, »Der Tod Gottes«, in: *Michael Brocke/Herbert Jochum* (Hrsg.), Wolkensäule und Feuerschein. Jüdische Theologie des Holocaust, Gütersloh 1993, S. 117 f.

5 Zitiert nach *Groß/Kuschel*, a.a.O. (Anm. Vorwort 3), S. 136 f.

6 *Gerhard Streminger*, a.a.O. (Anm. Vorwort 3), S. 5.

7 *Hans Blumenberg*, Matthäuspassion, Frankfurt/M 1988, S. 16 f.

8 *Herbert Frohnhofen*, »Ist der christliche Gott allmächtig? Zur aktuellen Diskussion über ein altes Bekenntnis«, in: Stimmen der Zeit, 8/1992, S. 521 f.

9 *Katechismus der Katholischen Kirche*, München 1993, S. 87.

10 *Karl Lehmann*, »Kirchliche Dogmatik und biblisches Gottesbild«, in: *Joseph Ratzinger* (Hrsg.), Die Frage nach Gott, Freiburg im Breisgau [2]1973, S. 139.

11 *Günther Anders*, a.a.O. (Anm. Vorwort 1), S. 33 f.

12 *Epikur*, Von der Überwindung der Furcht, eingeleitet und übersetzt von O. Gigon, Zürich 1949, S. 80, zitiert nach: *Carl-Friedrich Geyer*, »Das Theodizeeproblem – ein historischer und systematischer Überblick«, in: *Willi Oelmüller*, a.a.O. (Anm. I,1), S. 10.

13 *Katechismus*, a.a.O. (Anm. I, 9), S. 113 f.

14 Ebenda, S. 288.

144

15 *Pierre Teilhard de Chardin*, »Die geistige Energie des Leidens«, in: *Ders.*, Die lebendige Macht der Evolution (Werke Band 7), Olten 1967, S. 123 f.

16 *Katechismus*, a.a.O. (Anm. I, 9 = siehe den Buchtitel in der Anmerkung 9 zu Kapitel I), S. 113 f.

17 *Karl Barth*, Die Kirchliche Dogmatik, Band III/2,3: Die Lehre von der Schöpfung, Zollikon-Zürich 1948-1950, S. 424.

18 *Hans Schwarz*, a.a.O. (Anm. Vorwort 3), S. 144.

19 *Ignaz Maybaum*, The Face of God After Auschwitz, Amsterdam 1965, zitiert nach: *Brocke/Jochum*, a.a.O. (Anm. I, 4), S. 19.

20 *Menachem Immanuel Hartom*, »Hirhurim al ha-Shoah«, in: Deot 18, Winter 5722 (1961), Jerusalem, S. 28-31, zitiert nach: *Brocke/Jochum*, a.a.O. (Anm. I, 4), S. 22 f.

21 *Eliezer Berkovits*, Faith After the Holocaust, New York 1973, zitiert nach: *Brocke/Jochum*, a.a.O. (Anm. I, 4), S. 46, 59 f.

22 *Rudolf Otto*, Das Heilige. Über das Irrationale in der Idee des Göttlichen und sein Verhältnis zum Rationalen, München 1991.

23 *Arthur A. Cohen*, »Thinking the Tremendum. Some Theological Implications of the Death Camps«, in: Forum, Spring/Summer 1978, S. 128-133, zitiert nach *Brocke/Jochum*, a.a.O. (Anm. I, 4), S. 128. Eingearbeitet in: *Cohen*, The Tremendum. A Theological Interpretation of the Holocaust, New York 1981.

24 *Günther Anders*, Die Antiquiertheit des Menschen. Band II. Über die Zerstörung des Lebens im Zeitalter der dritten industriellen Revolution, München 1980, S. 407.

25 *Karl Rahner*, Schriften zur Theologie, Band 16, Zürich 1984, S. 228.

II. Schöpfung durch Selbstentäußerung: Der ohnmächtige Gott

1 *Hans Jonas*, a.a.O. (Anm. Vorwort 2), S. 46.

2 Ebenda, S. 38 f.

3 *Karl Rahner*, Grundkurs des Glaubens. Einführung in den Begriff des Christentums, Freiburg im Breisgau 1976, S. 150.

145

4 *Hans Jonas*, a.a.O. (Anm. Vorwort 2), S. 7.

5 Ebenda, S. 48.

6 Ebenda, S. 39 f.

7 Ebenda, S. 37 f.

8 *Eliezer Berkovits*, a.a.O. (Anm. I, 21), S. 67 f.

9 *Hans Jonas*, a.a.O. (Anm. Vorwort 2), S. 40 ff.

10 *Herbert Frohnhofen*, a.a.O. (Anm. I, 8), S. 523 f.

11 *Norbert Scholl*, »Die Rede von der Allmacht Gottes angesichts des Leids«, in: Katechetische Blätter, 10/1990, S. 772.

12 *Dietrich Bonhoeffer*, Widerstand und Ergebung, München 1954, S. 178.

13 *Dorothee Sölle*, Stellvertretung. Ein Kapitel Theologie nach dem ›Tode Gottes‹, Stuttgart 1965, S. 202.

14 *Hans Jonas*, a.a.O. (Anm. Vorwort 2), S. 45.

15 *Gershom Scholem*, Die jüdische Mystik in ihren Hauptströmungen, Frankfurt am Main 1988, S. 278.

16 *Hans Jonas*, a.a.O. (Anm. Vorwort 2), S. 45 f.

17 *Gershom Scholem*, a.a.O. (Anm. II, 15), S. 285 ff.

18 *Jürgen Moltmann*, Trinität und Reich Gottes. Zur Gotteslehre, München ^{2}1986, S. 125.

19 *Jürgen Moltmann*, Gott in der Schöpfung. Ökologische Schöpfungslehre, München 1985, S. 100 f.

20 *Jürgen Moltmann*, Der Weg Jesu Christi. Christologie in messianischen Dimensionen, München 1989, S. 201.

21 *Hans Jonas*, a.a.O. (Anm. Vorwort 2), S. 33-36.

22 *Gerhard Streminger*, a.a.O. (Anm. Vorwort 3), S. 329 f.

23 *Herbert Frohnhofen*, a.a.O. (Anm. I, 8), S. 521.

24 *Gerhard Streminger*, a.a.O. (Anm. Vorwort 3), S. 329 f.

25 *Kurt Marti*, O Gott!, Stuttgart 1986, S. 186.

26 *Norbert Scholl*, a.a.O. (Anm. II, 11), S. 771.

27 *Franz Kamphaus*, zitiert nach *Herbert Frohnhofen*, a.a.O. (Anm. I, 8), S. 526.

28 *Herbert Frohnhofen*, ebenda.

III. Schöpfung aus »Leidenschaft«: Der leidende Gott

1 *Jürgen Moltmann*, a.a.O. (Anm. II, 18), S. 37.

2 *Hans Jonas*, Zwischen Nichts und Ewigkeit. Drei Aufsätze zur Lehre vom Menschen, Göttingen 1963, [2]1987, S. 61 f., 71 f.

3 *Hans Jonas*, a.a.O. (Anm. Vorwort 2), S. 25 f.

4 *Jürgen Moltmann*, Der gekreuzigte Gott. Das Kreuz Christi als Grund und Kritik christlicher Theologie, München 1972.

5 Zum Beispiel: *M. Welker* (Hrsg.), Diskussion über J. Moltmanns Buch ›Der gekreuzigte Gott‹, München 1979.

6 *Jürgen Moltmann*, a.a.O. (Anm. II, 18), S. 20.

7 *Groß/Kuschel*, a.a.O. (Anm. Vorwort 3), S. 175 f.

8 *Jürgen Moltmann*, »Der Gott, auf den ich hoffe«, in: *Walter Jens* (Hrsg.), Warum ich Christ bin, München 1979, S. 270 f.

9 *Jürgen Moltmann*, a.a.O. (Anm. II, 18), S. 36.

10 Ebenda, S. 38.

11 Ebenda, S. 39.

12 *Brocke/Jochum*, a.a.O. (Anm. I, 4), S. 12.

13 *Jürgen Moltmann*, a.a.O. (Anm. II, 18), S. 40.

14 *P. Kuhn*, Gottes Selbsterniedrigung in der Theologie der Rabbinen, München 1968, S. 89 ff., zitiert nach *Moltmann*, a.a.O. (Anm. II, 18), S. 43.

15 *Frank Meessen*, Unveränderlichkeit und Menschwerdung Gottes. Eine theologiegeschichtlich-systematische Untersuchung, Freiburg im Breisgau 1989, S. 35.

16 *Origines*, In Ez.Hom. VI,6, in: GCS 33,384 f. (PG 13,714 f.), zitiert nach *Frank Meessen*, ebenda, S. 41 f.

17 *Gregor Thaumaturgos*, Über die Leidensunfähigkeit und Leidensfähigkeit Gottes. Übersetzt von V. Ryssel, in: Ders., Gregorius Thaumaturgos. Sein Leben und seine Schriften, Leipzig 1880, S. 71-99, die Zitate S. 75, 87, zit. nach *Frank Meessen*, ebenda, S. 36.

18 Brief des Papstes Dionysius an den Bischof Dionysius von Alexandrien, zitiert nach *Josef Neuner/Heinrich Roos/Karl Rahner* (Hrsg.), Der Glaube der Kirche in den Urkunden der Lehrverkündigung, Regensburg [6]1961, S. 98.

19 *Martin Luther*, Die Heidelberger Disputation. Dt.: Luther Deutsch. Herausgegeben von *Kurt Aland*, Bd. 1, 379-394, zitiert

nach: Jesus der Offenbarer II. Frühe Neuzeit bis Gegenwart. Bearbeitet von *Franz-Josef Niemann*, Graz/Wien/Köln 1990, S. 20 f.

20 *Martin Luther*, zitiert nach *Frank Meessen*, a.a.O. (Anm. III, 15), S. 48 f.

21 *Schellings* Werke. Nach der Originalausgabe in neuer Anordnung herausgegeben von *Manfred Schröter*, Vierter Hauptband, München 1965, S. 320 f., 324 (Stuttgarter Privatvorlesungen, 1810).

22 *G.W.F. Hegel*, Philosophie der Religion, zitiert nach: *Wolf-Dieter Marsch*, Gegenwart Christi in der Gesellschaft. Eine Studie zu Hegels Dialektik, München 1965, S. 240.

23 *G.W.F. Hegel*, Philosophie der Religion, zitiert nach *Hans Urs von Balthasar*, Theodramatik. IV. Das Endspiel, Einsiedeln 1983, S. 204.

24 Nach *Frank Meessen*, a.a.O. (Anm. III, 15), S. 80-87.

25 Nach *Jürgen Moltmann*, a.a.O. (Anm. II, 18), S. 45-51. Vgl. auch *Frank Meessen*, a.a.O. (Anm. III, 15), S. 87-92; *Hans Urs von Balthasar*, a.a.O. (Anm. III, 23), S. 211 ff.

26 Nach *Hans Urs von Balthasar*, a.a.O. (Anm. III, 23), S. 211ff.

27 *Nikolaj Berdiajew*, Der Sinn der Geschichte. Versuch einer Philosophie des Menschengeschickes, Darmstadt 1925, S. 80.

28 *G.W.F. Hegel*, Phänomenologie des Geistes, Stuttgart 1987, S. 21.

29 *Nikolaj Berdiajew*, a.a.O. (Anm. III, 27), S. 78 f.

30 *Nikolaj Berdiajew*: Geist und Wirklichkeit, Lüneburg 1949, S. 122.

31 Nach *Frank Meessen*, a.a.O. (Anm. III, 15), S. 74-76; *Jürgen Moltmann*, a.a.O. (Anm. III, 1), S. 57-63.

32 *Nikolaj Berdiajew*, Existentielle Dialektik des Göttlichen und Menschlichen, München 1951, S. 82.

33 Nach *Hans-Jürgen Ruppert*, »Sergej N. Bulgakov«, in *Heinrich Fries/Georg Kretschmar* (Hrsg.), Klassiker der Theologie, Band II, München 1983, S. 269.

34 Nach *Frank Meessen*, a.a.O. (Anm. III, 15), S. 76-80.

35 *Kazoh Kitamori*: Theologie des Schmerzes Gottes, Göttingen 1972, S. 44. Zu Kitamori s. *Hans Urs von Balthasar*, a.a.O. (Anm. III, 23), S. 209 ff.; *Frank Meessen*, a.a.O. (Anm. III, 15), S. 242-257.

36 *Gerhard Koch*, Die Zukunft des toten Gottes, Hamburg 1968, S. 293-300, zitiert nach *Hans Urs von Balthasar*, a.a.O. (Anm. III, 23), S. 207 f.; s. auch *Frank Meessen*, a.a.O. (Anm. III, 15), S. 280-299.

37 *Jacques Maritain*, »Quelques Réflexions sur le savoir théologique«, in: Revue Thomiste 77 (1969), 5-27, zitiert nach *Hans Urs von Balthasar*, a.a.O. (Anm. III, 23), S. 219; s. auch *Frank Meessen*, a.a.O. (Anm. III, 15), S. 155 f.

38 *François Varillon*, La souffrance de Dieu, Paris 1975, zitiert nach *Frank Meessen*, a.a.O. (Anm. III, 15), S. 160 ff., s. auch *Hans Urs von Balthasar*, a.a.O., (Anm. III, 23), S. 219.

39 *J.-B. Brantschen*, »Die Macht und Ohnmacht der Liebe. Randglossen zum dogmatischen Satz: Gott ist unveränderlich«, in: Freiburger Zeitschrift zur Theologie und Philosophie, 27 (1980) 224-246, zitiert nach *Frank Meessen*, a.a.O. (Anm. III, 23), S. 163.

40 *Helmut Riedlinger*, Vom Schmerz Gottes, Freiburg im Breisgau 1983, zitiert nach *Frank Meessen*, a.a.O. (Anm. III, 23) S. 166.

41 *Walter Kasper*, Der Gott Jesu Christi, Mainz 1982, S. 244.

42 *Karl Barth*, KD IV/3, S. 478; KD IV/2, S. 399, zitiert nach *Hans Urs von Balthasar*, a.a.O. (Anm. III, 23), S. 215.

43 *Eberhard Jüngel*, Tod, Stuttgart 1971, S. 142 f., zitiert nach *Hans Urs von Balthasar*, a.a.O. (Anm. III, 23), S. 215. Zu Jüngel und Barth s. auch *Frank Meessen*, a.a.O. (Anm. III, 23), S. 299-324 (173-202).

44 *Frank Meessen*, a.a.O. (Anm. III, 23), S. 327.

45 Ebenda, S. 344.

46 *Hans Urs von Balthasar*, a.a.O. (Anm. III, 23), S. 466.

IV. Schöpfung als Prozeß: Der Gott der Evolution

1 *Pierre Teilhard de Chardin*, Brief vom 8. April 1955 an André Ravier. Zitiert nach *Günther Schiwy*, Teilhard de Chardin. Sein Leben und seine Zeit, Band II, München 1981, S. 288. Einige Termini korrigiert nach der französischen Quelle: *Henri de Lubac* (Hrsg.), Lettres intimes de Teilhard de Chardin, Paris 1974, S. 465 f.

2 Siehe dazu *Günther Schiwy*, ebenda, S. 259 f.

3 Ebenda, S. 241-260.

4 Ebenda, S. 289.

5 *Hans Jonas*, Materie, Geist und Schöpfung. Kosmologischer Befund und kosmogonische Vermutung. Frankfurt am Main 1988, S. 36 f.

6 Ebenda, S. 54 f.

7 *Hans Jonas*, »Unsterblichkeit und heutige Existenz«, in: *Ders.*, a.a.O. (Anm. III, 2), S. 55.

8 *Hans Jonas*, a.a.O. (Anm. Vorwort 2), S. 15-24.

9 *Gershom Scholem*, a.a.O. (Anm. II, 15), S. 300.

10 *Pierre Teilhard de Chardin*, Das Herz der Materie, Olten 1990, S. 77.

11 Ebenda, S. 79 f.

12 *Hans Jonas*, Gnosis und spätantiker Geist. I. Teil: Die mythologische Gnosis, Göttingen 1988 (1934); Teil 2/1: Von der Mythologie zur mystischen Philosophie, Göttingen 1954. In dem religionsphilosophischen Colloquium, das im Zusammenhang mit der Ehrenpromotion von Hans Jonas durch die Freie Universität Berlin am 12. Juni 1992 stattfand, hat Hans Jonas richtiggestellt: Sein Werk von 1934 könne zwar den Eindruck erwecken, er wolle die Gnosis enthistorisieren. »Aber letzten Endes habe ich mich im Laufe der Jahre mehr und mehr innerlich abgesetzt von irgendwelchen Tendenzen, die Neuzeit als gnostisch bezeichnen zu wollen oder zuzulassen, daß das legitim ist.« Das, was damals war und wie es damals war, sei gar nicht wiederholbar, was nicht ausschließe, daß Analoges hier und da zur Erscheinung komme, und dann sei eine gewisse Versuchung da, das auch gnostisch zu nennen. Aber das sei *quasignostisch*. Insbesondere gegen die unendliche Ausweitung des Begriffs, der damit seine Schärfe verliere und zu einem *Sammelsurium* werde, habe er sich immer gewehrt. (In: *Dietrich Böhler*, Hrsg., Ethik für die Zukunft, München 1994, S. 170)

13 *Carl-Friedrich Geyer*, a.a.O. (Anm. I, 12), S. 30.

14 *Peter Koslowski*, »Der leidende Gott – Theodizee in der christlichen Philosophie und im Gnostizismus«, in: *Willi Oelmüller*, a.a.O. (Anm. I, 1), S. 35 u. 65.

15 *Hans Jonas*, a.a.O. (Anm. Vorwort 2), S. 27 f.

16 *Frank Meessen*, a.a.O. (Anm. III, 15), S. 1 u. 439.

17 *Hans Jonas*, a.a.O. (Anm. III, 2), S. 61. Als selbstzitierte Summe auch in: *Ders.*, a.a.O. (Anm. Vorwort 2), S. 47.

18 *Hans Jonas*, a.a.O. (Anm. V, 5), S. 58.

19 *Pierre Teilhard de Chardin*, »Die Evolution der Verantwortung in der Welt«, in: *Ders.*, Die lebendige Macht der Evolution (Werke, Band 7), Olten 1967, S. 89 ff.

20 *Günther Anders*, a.a.O. (Anm. I, 24), S. 404.

21 *Hans Jonas*, Das Prinzip Verantwortung. Versuch einer Ethik für die technologische Zivilisation. Frankfurt am Main 1979, S. 253 f.

22 *Hans Jonas*, Dem bösen Ende näher. Gespräche über das Verhältnis des Menschen zur Natur. Frankfurt am Main 1992, S. 96 f.

23 Ebenda, S. 11 f.

24 *Hans Jonas*, a.a.O. (Anm. V, 5), S. 52 f.

25 Ebenda, S. 58.

26 *Pierre Teilhard de Chardin*, Der Mensch im Kosmos, München 1959, S. 319 f.

27 *Hans Jonas*, a.a.O. (Anm. Vorwort 2), S. 42.

28 Ebenda, S. 15.

29 Ebenda, S. 32.

30 Ebenda, S. 38 f.

31 Ebenda, S. 31.

32 *Emmanuel Levinas*, »Die Tora mehr zu lieben als Gott«, in: *Brokke/Jochum*, a.a.O. (Anm. I, 4), S. 215-217.

33 *Günther Stemberger*, Midrasch. Vom Umgang der Rabbinen mit der Bibel, München 1989, S. 121. Vgl. auch: *Pinchas Lapide*, »Das Hohelied Salomos: Die hebräische Liebesethik«, in: *Ders.*, Mit einem Juden die Bibel lesen, München 1982, S. 66-78.

34 *Hans Jonas*, a.a.O. (Anm. Vorwort 2), S. 23 f.

35 *Hans Jonas*, a.a.O. (Anm. III, 2), S. 59.

36 Ebenda, S. 63-68

37 *Pinchas Lapide*, a.a.O. (Anm. V, 33), S. 74 f.

38 *Hans Jonas*, a.a.O. (Anm. III, 2), S. 68-71.

39 *Mathias Trennert-Hellwig*, Die Urkraft des Kosmos. Dimensionen der Liebe im Werk Pierre Teilhards de Chardin, Freiburg im Breisgau 1993.

40 *Pierre Teilhard de Chardin*, »Super-Menschheit, Super- Christus, Super-Caritas. Neue Dimensionen für die Zukunft«, in: *Ders.*, Wissenschaft und Christus (Werke, Band 9), Olten 1970, S. 226 f.

41 *Hans Jonas*, a.a.O. (Anm. V, 5), S. 58 f.

V. »Religion« nach Auschwitz:
Abschied von den Religionen

1 *Hans Jonas*, in: *Dietrich Böhler*, a.a.O. (Anm. IV, 12), S. 189.
2 *Dietrich Bonhoeffer*, a.a.O. (Anm. II, 12), S. 191-193. Diese dog-matische Anspruchslosigkeit hat auch *Hans Jonas* für sich in An-spruch genommen: »Sobald es sich darum handelt, aus diesem sehr persönlichen Notbehelf eine Art alternatives Dogma zu den Dog-men einer der bestehenden Religionen zu machen, trete ich lie-ber davon zurück, als mir anzumaßen, mit dem Anspruch einer objektiv gültigen Theologie hervorzutreten.« In: *Dietrich Böhler*, a.a.O., (Anm. IV, 12), S. 178.
3 *Edward Schillebeeckx*, Menschen. Die Geschichte von Gott, Frei-burg im Breisgau 1990, S. 251 f.
4 Ebenda, S. 269.
5 Ebenda, S. 278.
6 *Johann Christoph Bürgel*, Allmacht und Mächtigkeit. Religion und Welt im Islam, München 1991, S. 76 f., 81.
7 *Peter Longerich* (Hrsg.), Die Ermordung der europäischen Juden. Eine umfassende Dokumentation des Holocaust 1941-1945, München 1989, S. 445.
8 *Hans Jonas*, a.a.O. (Anm. Vorwort 2), S. 41.
9 Ebenda, S. 42.
10 *Hans Jonas*, a.a.O. (Anm. V, 5), S. 60 f.
11 *Günther Anders*, a.a.O. (Anm. Vorwort 1), S. 210 f.
12 *Hans Jonas*, a.a.O. (Anm. Vorwort 2, 15), S. 42.

Nachwort: Stammeln vor dem ewigen Geheimnis

1 *Hans Jonas*, a.a.O. (Anm. Vorwort 2), S. 48.
2 *Günther Anders*, Tagebücher und Gedichte, München 1985, S. 333.
3 *Groß/Kuschel*, a.a.O. (Anm. Vorwort 3), S. 208.

4 *Johann Baptist Metz*, »Karl Rahners Ringen um die theologische Ehre des Menschen«, in: Stimmen der Zeit, Juni 1964, S. 390. Dort auch das von Guardini überlieferte Zitat. Unter der Überschrift »Das unübertragbare negative Mysterium des menschlichen Leidens« versucht Metz in dem Aufsatz, für seine eigene Position – statt einer »Theologie des leidenden Gottes« eine »Theologie des Leidens *an* Gott« – Karl Rahner zu bemühen mit dem unhaltbaren (siehe Anhang S. 131f.) Passus: »Er widersteht auch jedem Versuch, das menschliche Leid dadurch zu hintergehen, daß es als Leiden und Mitleiden Gottes begriffen wird. Trotz äußerst respektabler Versuche in der zeitgenössischen Theologie beider Konfessionen – bei Karl Barth und Eberhard Jüngel, bei Dietrich Bonhoeffer und Jürgen Moltmann, bei seinem katholischen Kollegen Hans Urs von Balthasar – hat er sich nirgends der Rede vom leidenden Gott, vom Leiden zwischen Gott und Gott, vom Leiden in Gott angeschlossen.« (S. 391)

5 Wenn *Hans-Jürgen Benedict* in »Wann hat Gott sein Spiel mit mir angefangen?« (in: Publik-Forum, 29. April 1994) meint, der letzte Beweggrund Gottes zur Schöpfung sei »Langeweile«, dann scheint dieser Gedanke angesichts der Opfer, die diese »Spiellaune« Gottes kostet, blasphemisch zu sein, trotz des Einbaus dieses »Verdachts« auch bei Benedict in eine Theologie des mitleidenden Gottes.

6 *Hans Jonas*, a.a.O. (Anm. Vorwort 2), S. 49.

7 *Jürgen Habermas*, »Die verkleidete Tora. Rede zum 80. Geburtstag von Gershom Scholem«, in: *Ders.*, Politik, Kunst, Religion. Essays über zeitgenössische Philosophen, Stuttgart 1978, S. 129, 128, 136, 137 f.

8 *Hans Jonas*, in: *Dietrich Böhler*, a.a.O. (Anm. IV, 12), S. 184, 190f.

Anhang: Disput über den ohnmächtigen und leidenden Gott

1 *Groß/Kuschel*, a.a.O. (Anm. Vorwort 3), S. 11.
2 Ebenda.
3 Ebenda.

4 *Johann Baptist Metz*, a.a.O. (Anm. I, 1), S. 116 f.

5 *Groß/Kuschel*, a.a.O. (Anm. Vorwort 3), S. 184 f.

6 *Karl Rahner*, Schriften zur Theologie, Band I, Einsiedeln [6]1996, S. 194.

7 *Karl Rahner*, Schriften zur Theologie, Band IV. Neuere Schriften, Einsiedeln [3]1962, S. 146.

8 *Karl Rahner*, a.a.O. (Anm. II, 3), S. 218.

9 Ebenda, S. 297 f.

10 *Groß/Kuschel*, a.a.O. (Anm. Vorwort 3), S. 185.

11 *Paul Imhof/Hubert Biallowons* (Hrsg.), Karl Rahner im Gespräch, Band 1: 1964-1977, München 1982, S. 242-246.

12 *Hans Urs von Balthasar*, Cordula oder der Ernstfall, Einsiedeln [2]1967, S. 91.

13 *Karl Rahner*, a.a.O. (Anm. II, 3), S. 219 f.

14 *Karl Rahner/Herbert Vorgrimler*, Kleines Theologisches Wörterbuch, Freiburg 1961, S. 259, 245.

15 Ebenda, S. 61.

16 *Hans Urs von Balthasar*, a.a.O. (Anm. III, 23), Vorbemerkung.

17 *Josef Neuner/Heinrich Roos/Karl Rahner* (Hrsg.), a.a.O. (Anm. III, 18), S. 166.

18 *Hans Küng*, Existiert Gott?, München 1978, S. 754, 759 f.

19 *Hans Küng*, zitiert nach *Groß/Kuschel*, a.a.O. (Anm. Vorwort 3), S. 186.

20 *Günther Schiwy*, »War Christus auch in den Tätern?«, in: *Ders.*, a.a.O. (Anm. Vorwort 9), S. 86-89.

21 *Groß/Kuschel*, a.a.O. (Anm. Vorwort 3), S. 217.

22 Ebenda, S. 215.

23 Ebenda, S. 33.

24 Ebenda, S. 58.

25 Ebenda, S. 215 f.

26 Ebenda, S. 218.

Register

Das Register enthält die *Namen*, *Bibelstellen* sowie wichtige *Begriffe* des Haupttextes. Aus den »Anmerkungen und Literaturhinweisen« wurden nur noch im Haupttext nicht vorkommende Namen sowie einige zusätzliche Sachinformationen erfaßt. Die Seitenzahlen mit zentralen Stellen sind *kursiv* gesetzt.

156

157